LA POLITICA ITALIANA SPIEGATA A MIA FIGLIA

FRANZ PAGOT

Pubblicato in Italia
da The Perfect Edition nel 2018

Registrazione alla Library of Congress USA
Case # 1-6230175711

ISBN code: 978-0-9576500-0-8

The Perfect Edition c/oPPI WORLDWIDE ltd
Office 311 Winston House - 2 Dollis Park Finchley
London N3 1HF United Kingdom

www.ppiworld.online/tpe

A Luisa,
che non ha mai voluto le luci su di sé
ma ne ha messo in luce tanti.

Dello stesso autore:
FAILED ANGELS
WARZONE GHOSTS
IMMERSIVE 3-D
ERMM...
GREENHORN

In stampa:
BEDDA MATRI (THE BEAUTIFUL MOTHER)

SOMMARIO

RINGRAZIAMENTI

Qualcuno scrisse tempo fa che i ringraziamenti all'inizio di un libro dovrebbero essere evitati, perché tolgono l'intimità nel rapporto tra chi scrive e chi legge.

Quindi ecco qui i miei ringraziamenti, sicuro che vogliate mantenere le distanze e non preoccupatevi, non mi offendo.

L'ispirazione vera di questo libro sono i miei figli, Elena ed Enrico, che mi hanno incoraggiato a raccogliere questi scambi in un unico bel tomo che spieghi le sue pagine tra i giovani, facendo loro amare la politica e non rifiutarla a priori.

Ringrazio mia moglie Cristina che qui ha fatto da spalla comica per alleggerire momenti un po' pesanti, ma che in realtà è stata sempre la mia redattrice severa e puntualizzante, mai pignola, anche nella vita.

Grazie a Cinzia De Martin: i tuoi dubbi mi hanno stimolato a chiarire alcuni passaggi, così sorridi tranquillamente su tutto.

Sono grato ai compagni di classe di Elena, che hanno aggiunto domande interessanti, in particolare Eleonora Furlan, Gemma Tolin e Maja Dall'Acqua; non posso ringraziare Pietro, Michele e Chiara perché non sono mai esistiti.

Un grazie di cuore a Veronica Daniele, amica di Elena dall'infanzia, che ha fornito la sua preziosa opinione guadagnandoci una bistecca, per bilanciare la dieta d'insalata. Vieni pure a pranzo quando vuoi.

Grazie anche a suo padre Duilio, umorista fine a sua insaputa, scrittore riluttante e caro amico di *tatami*.

Un debito enorme è con Dario Pettinelli, giornalista di penna affilata e gran fiuto.

Sono infinitamente grato a Maurizio Costanzo, un libro con la sua prefazione diventa istantaneamente un classico, spero di esserne degno.

Ma il mio grazie più sentito e profondo va a mia sorella Luisa, che cercò di uccidermi con il ferro da stiro quando eravamo piccoli, ma mi risparmiò, presagendo che un giorno avremmo fatto grandi cose assieme.

Il bello dei politologi è che, quando rispondono,
uno non capisce più cosa gli aveva domandato.

(Indro Montanelli)

PREFAZIONE

di Maurizio Costanzo

Parlare di politica non è mai stata una cosa semplice perché è un po' come mettersi a nudo rilevando una parte importante del proprio pensiero, delle proprie scelte di vita.

In un momento storico, come quello che stiamo vivendo, in cui, il mondo della politica ci ha tristemente abituato a frequenti e a repentini trasformismi, è difficile capire cosa sia realmente la destra o la sinistra e la politica in generale.

E oltre al pudore verso le nostre ideologie che ci spingerebbe a parlare con cautela dei nostri orientamenti politici, si aggiunge la confusione regalataci da una classe politica che oggi si allea e il giorno dopo si scontra.

Nelle loro posizioni di destra o di sinistra e nelle loro forme più radicali o più moderate, a sentir parlare i politici, verrebbe voglia di abbracciare tutte le loro idee, sostenere i loro propositi, perché tutti, in fondo, con i loro programmi elettorali, affermano di agire per il bene del Paese, della collettività.

Sembra, con il loro potere di affabulazione, che tutti siano dalla parte giusta.

Ma a pensarci bene, forse, pur rispettando la libertà di poter cambiare opinione, l'avere tante ideologie in comune o averne tante diverse è un po' come averne nessuna, specie quando tra quelle che vengono decantate non ne resiste alcuna.

Spesso, discutiamo e sentiamo discutere di politica come se fossimo rimasti indietro di cinquant'anni o forse più.

Ancorati a vecchie impostazioni politiche che, oggi non hanno più motivo di esistere, dovremmo chiederci se non sia la stessa idea di politica ad essere cambiata e lo stesso concetto di partito che, nel suo significato originario, non esiste più.

I partiti, un tempo, traevano la loro origine dalle cosiddette lotte di classe.

Vi erano disagi sociali che esplodevano in movimenti reazionari e il partito non era altro che un modo organizzato e non violento di espressione di quegli stessi disagi.

Non ho nostalgia della vecchia politica o dei vecchi partiti, ma al contrario, vorrei che gli individui seguissero il loro tempo e non si ostinassero a proporre vecchi schemi in cui nessuno si sente rappresentato da nessuno.

La politica deve rivolgersi soprattutto ai giovani ma non può farlo in maniera adeguata se non ci si accorge che i ragazzi di questa Repubblica sono molto cambiati.

Spesso, si punta il dito contro le nuove generazioni accusandoli di essere poco informati e per nulla interessati alla politica.

Credo, che al contrario, sia la politica ad interessarsi poco ai giovani.

Se oggi, avessi 18 anni e guardassi un programma politico per ottenere maggiori informazioni ed esercitare al meglio il mio diritto al voto, mi troverei probabilmente ad avere ancora più dubbi, perché troppe volte ho la sensazione di sentir parlare bene, ma di un male minore.

I giovani meritano attenzione e considerazione.

Il rapporto tra la politica e i ragazzi dovrebbe essere un po' come quello narrato in questo libro di Francesco Pagot, tra un padre e una figlia.

Una figlia adolescente che pone al padre una delle domande più comuni: «Tu per chi voti?».

Ogni politico, ma dico anche ogni adulto, dovrebbe immaginare di essere quel padre che, senza imposizioni, cerca di far capire ai giovani, che la politica, quella vera, è un nobile strumento attraverso cui si possono cambiare le cose per migliorare il loro futuro, la loro vita.

INTRODUZIONE

È tutta colpa di Aristotele, senza alcun dubbio.

Il fine pensatore nato a Stagira ha senz'altro influenzato il modo di fare politica in Occidente più di quel duro di Socrate, imbattibile nel dibattito e valoroso soldato in battaglia, ma che non lasciò nulla di scritto.

Quello che attribuiamo a Socrate infatti ci viene da Platone, che ci aggiunse di suo, e lo sappiamo tutti che la mania di protagonismo è la censura più feroce e subdola del lavoro di altri. Socrate rimane il mio eroe, ma Aristotele ha lasciato un segno più puro e chiaro, oltre ad attingere al genio di Alessandro il Grande, reso tale anche dal fatto che lui stesso ne fu il tutore.

E fu sempre Aristotele ad affermare che l'uomo è per natura un animale politico, e proprio Aristotele a tranquillizzare tutti dicendo: *Se c'è soluzione perché ti preoccupi? Se non c'è soluzione perché ti preoccupi?*

Mia figlia mi osservava come Andreotti osservava il bicchiere d'acqua che gli passò Craxi in un dibattito, lo sguardo di chi non ha scelta e deve fidarsi, anche se rimane il dubbio.

«Papà, ti ho solo chiesto perché non riesco a capire quasi nulla quando si parla di politica in Italia, cosa c'entra la nemesi di noi studenti del Classico?»

Il resto di questo scambio lo troverete più avanti, ma volevo subito dar la colpa a qualcuno, lo sport preferito di tutti noi italiani, non solo di tanti politici.

La colpa di questo libro, che di onesto ha ben poco e ne spiegherò il perché più avanti, è interamente mia, che dopo quasi trent'anni vissuti all'estero, soprattutto a Londra, facendo cinema e pubblicità, sento improvvisamente il dovere di dare a mia figlia un'idea più chiara di come funziona la politica in Italia. Per dirla con parole non mie, tipico della politica: *La situazione politica in Italia è grave ma non è seria,* e questo il buon Flaiano lo affermava già negli anni '60 e da allora la stupidità ha fatto progressi enormi.

Da emigrato sono d'accordo con chi disse che l'Italia è un paese dove sono accampati gli italiani, e in tempo di elezioni diventa ancora più evidente, dato che tutti vogliono salire sui carrozzoni che tirano di più, indipendentemente dai colori che sfoggiano. Questo turbinio polveroso di cambiamenti e voltafaccia in un paese dove il nero diventa rosso più velocemente che alla roulette, rende qualsiasi tentativo di spiegazione, inteso come l'atto di rendere chiaro ciò che è oscuro, un atto folle ma anche coraggioso. Ma si è coraggiosi non quando si hanno tutte le risposte, ma quando affrontiamo le domande che abbiamo sempre cercato di evitare, senza più ingannare noi stessi.

Quindi ecco la mia prima bugia: non spiegherò un bel niente, semplicemente ci ragioneremo assieme, dialogando tra noi, cari lettori, come ho fatto con mia figlia.

Parliamo di Elena allora, visto che non ve l'ho ancora presentata: è nata a Londra, come quattro anni prima fece suo fratello Enrico e ora studia in Italia, penultimo anno di Liceo Classico, con ottimi risultati. In casa parliamo principalmente la lingua della Regina Elisabetta e leggiamo di tutto a pari pagina in italiano e in inglese, seguendo *CNN*, *BBC* e altre testate, sia italiane che straniere, compreso *Le Monde*, per non far torto ai francesi che di rivoluzioni ci capiscono più di tutti.

Con Enrico, studente di Medicina a Milano, discuto spesso di politica straniera, in particolar modo quella americana, così ricca di materiale, anche comico, da quando Donald Trump è diventato presidente. Mio figlio è di umorismo sottile come un vero anglosassone e gli scambi che abbiamo sono spesso divertenti, anche quando celano serie preoccupazioni.

Non pensate però che siano grandi discussioni, di politica in fondo si parla poco soprattutto a tavola, come fanno gli scienziati che cenano assieme, preparati fuori tavola, ma ligi al rispetto del desco: la pasta e il Brunello danno le migliori risposte anche ai cervelli più esigenti, non solo ai palati.

La domanda che temono tutti i genitori dai propri figli, quasi più di: *mi presti la macchina?* è *come devo votare?* dato che gli incidenti causati da questa risposta, quando sbagliata, si ripercuoteranno per anni a venire.

E come per tutte le questioni difficili, sarebbe preferibile una domanda che non ha risposta, piuttosto che una domanda che ne pretende una. Copiare le abili mosse di un guerriero della parola, il caro Socrate, purtroppo non serve a nulla con una teenager che fa il liceo Classico: riesci ad assestare un diritto d'assaggio, ma poi lei ti stende con un *uno-due* che ti lascia boccheggiante come un pesce sulla riva. Per rimanere in parafrasi di mare, spiegare la politica italiana l'ho sempre equiparato ad un tentativo di fare nuoto sincronizzato in un mare forza sette: non solo impossibile, ma alquanto pericoloso. Eppure eccomi qui, nocchiero incosciente arrischiando il timone controvento, indirizzando la logica dove pochi temerari osano, soprattutto se come me, non hanno nessun titolo per farlo, nemmeno un alamaro sulla giacca.

«Sei un *Homo Novus*», disse mia figlia.

In che senso? - chiesi, celando un certo nervosismo, dato che suonava tanto di neofita.

«Nel senso che ti occupi di politica pur venendo da umili origini non politiche», ribadì lei con un sorriso.

Vero, questo povero *homo sapiens* viene da famiglia modesta, padre tipografo e madre casalinga, circondati però da pile di libri che mio padre portava a casa dalla tipografia per correggerne le bozze. Tuttora, se i libri non ricoprono le pareti, sento gli spifferi dell'ignoranza che mi danno i brividi, e di ignoranza si muore signori miei.

Quando ero giovane a casa mia si discuteva poco di politica, mio padre Bruno era di idee liberali, oltre ad essere la persona più onesta che abbia mai conosciuto, al punto di mollarmi un gran ceffone quando portai trionfalmente a casa una banconota da cinquantamila lire rinvenuta sul sagrato della chiesa.

Dovetti tornare sul luogo del delitto e consegnarla al parroco, perché *qualcuno*, così mi urlò mio padre, sicuramente la stava disperatamente cercando per dare da mangiare ai propri figli. Il prete promise di tenerla al sicuro, al riparo da ladri come me, prescrivendomi per l'occasione un paio di *Ave Maria* che avrebbero sanato quella macchia sulla mia anima di adolescente.

A casa venivano a trovarci scrittori di idee ferme e rigide a Mussolini, ma anche intellettuali in sciarpa rossa, tutti d'accordo però sull'ottima cucina dai tanti colori di mia mamma, che da brava napoletana metteva tutti a tacere a colpi di mestolo.

Mio padre era molto rispettato sul lavoro e fuori e riceveva pressioni da tutte le parti per entrare in politica, ma non ne parlavamo quasi mai, dato che era legge non scritta che, soprattutto a tavola, non si parlasse mai di lavoro, politica o religione, mai e poi mai, e dato che mio padre lavorava come uno stacanovista iperattivo, pranzo e cena erano gli unici momenti dialoganti. Questa pace durò a lungo, fino a quando un caro amico di famiglia, comunista puro e duro, pugile a livello amatoriale e sindacalista di professione, venne a pranzo e dimentico di cosa non fare a tavola, grazie anche alla legge di Finangle, corollario alla legge di Murphy: *Quello che dovrà andar storto andrà storto – nel momento peggiore,* vociferò parole peggiori di un rutto: «Ma insomma Bruno, perché non ti iscrivi al Partito Comunista, abbiamo veramente bisogno di gente come te, Diobbono!»

Il minestrone si raffreddò di colpo, cucchiai e mascelle rimasero a mezz'aria, la bestemmia in quella frase era in buona compagnia. Mio padre non si scompose, poggiò il cucchiaio sul piatto e sillabò: «Io vorrei anche essere comunista, è che non me lo posso permettere!»

Il cucchiaio rimase sul piatto, come del resto le nostre lingue, scese a terra sconvolte da tanta calma inusuale.

Passarono anni dove la lotta politica era sia feroce che incomprensibile, soprattutto quando venni pestato una volta per esser vestito di nero, e una volta per aver indossato una camicia rossa che mi aveva regalato una zia, che tuttora penso sapesse bene quello che faceva.

Confesso che in ogni caso la politica mi ha sempre affascinato e ho sempre cercato di capire le diverse posizioni, spesso confuse da un linguaggio volutamente oscuro e convoluto, ma divertente perché spesso condito da strafalcioni di chi confondeva il pathos Aristotelico (vedi come ritorna il genio di Stagira?) con quello d'oca che chiamiamo paté.

Piccole chicche come: *Sarò breve, anzi circonciso...* oppure presentando pomposamente ai cittadini raccolti in piazza un noto pediatra, qualcuno lo annunciò come: *Il più grande pederasta d'Italia!* e mi fermo qui per non *infierire di spada.*

Mi trattengo dal ricordare i politici scivolati rovinosamente sulla lingua di Cicerone, creando un maccheronico *latinorum* che soprattutto chi ha fatto il liceo Classico trova irresistibile commedia. L'inglese dei nostri rappresentanti al Governo poi è oltremodo di altre maniche e non c'è verso di risciacquarlo in alcun Tamigi per renderlo più presentabile, con buona pace di Manzoni preoccupato dei suoi panni in Arno.

Mia figlia, dicevo.

I giovani d'oggi non amano la politica, anzi peggio, ne hanno orrore. Innumerevoli studi, più o meno recenti, ne hanno analizzato le dinamiche, emeriti psicologi e sociologi hanno sciorinato teorie e tesi da ingolfare addirittura *internet*, non solo le librerie, eppure nessuno ammette che le ragioni sono semplici e spontanee come un ruttino post poppata.

I giovani d'oggi affermano che i politici non fanno nulla, s'azzuffano sempre sulle stesse cose, nessuno è sincero, e soprattutto chi ci governa non è interessato a risolvere i problemi, ma solo a tener salda la poltrona.

In realtà non è sempre così, ma la percezione è realtà nel mondo d'oggi, dove l'immagine conta più della sostanza, basta aggiungere un'etichetta e sei di marca.

Sul fatto della disonestà o meno dei politici, a dire il vero, distinguerei quelli veramente onesti, gli onesti quando non ci rimettono troppo e i disonesti sempre.

L'occasione fa l'uomo ladro si suol dire, ma spesso è la necessità che fa ladro l'uomo, o i malandrini a cui si accompagna, che a loro volta creano l'occasione per esser ladri.

A che titolo allora oso spiegare la matassa ingarbugliata e fumosa, non tanto paragonabile a bucatini cacio e pepe, ma piuttosto a un maleodorante bolo mal digerito, qual è la politica italiana?

La colpa è degli inglesi, e giusto per errare in difetto, aggiungiamoci anche gli americani.

Infatti sono i miei anni da emigrato con passaporto fieramente italiano che mi hanno eletto paladino a difendere le cose d'Italia da questi stranieri così amati dagli italiani, noi sempre anglofili e patiti di Hollywood, ben prima che gli spaghetti western sanzionassero anche visivamente questo osanna mediatico e culturale a favore di *yankee* e *gentlemen*.

Sono stato portavoce forzato del *Belpaese*, dove pizza e mandolino non bastano più a tacere la curiosità sulle acrobazie dell'Italia che governa sé stessa.

La mia vita sul set cinematografico di produzioni in lingua inglese è fatta di molti momenti di viaggio e alberghi in comune, una vita da circo in cui si condividono spazi e pensieri, riflessioni sulle proprie culture e usanze, opinioni sui propri personaggi politici e non.

«Did you vote for Berlusconi?» è stata la domanda a cui ho dovuto rispondere più spesso, oltre a: «Why Berlusconi got into politics?» La traduzione non vi serve.

La stessa domanda me l'ha posta mia figlia e dovrete attraversare un bel po' di pagine prima di arrivare alla risposta, nuotando tra ossimori e metonimie, metafore ed eufemismi, ma in ogni caso vi risparmierò ondate di iperboli inutili, care invece alla politica.

Non metterò in ordine queste note di conversazione, non le ordinerò per argomento, rispetterò quello che amiamo di più nei ragazzi e che perdiamo così facilmente una volta diventati adulti: la spontaneità.

Questo non è uno strumento scritto per i giovani che si

avvicinano alla politica, ma un'esca per avvicinare i giovani alla politica, mostrandone le contraddizioni affascinanti, gli equilibri e soprattutto le dinamiche, in modo che partecipino di più e cambino le cose in meglio, restandone più coinvolti.

La disonestà di questo libercolo non è voluta, ma innata nel momento in cui si aggiunge a *politica* la parola *spiegazione* nel titolo, un ossimoro, dato che le due parole sono in forte contraddizione, non solo di significato opposto per diritto acquisito da abuso e appropriazione indebita.

Fortunatamente c'è mia figlia ad alleggerire il tutto, la sua spontaneità e onestà non corrotta, la sua mente abituata a due lingue in contemporanea, senza scordare quel concetto che piace tanto ai Giapponesi: *shoshin*, cioè lo svuotare la mente da nozioni acquisite in passato ed essere disponibili a rimpiazzare nozioni vecchie con informazioni nuove, e questo mi aspetto da voi, cari lettori. Che siate vecchie volpi della politica, studiosi di fama internazionale, giornalisti scaltri, lobbisti spregiudicati, vi prego per una volta di percorrere con me i corridoi del potere per carpirne e capirne i meccanismi con gli occhi di una teenager curiosa. E se ancora vi state chiedendo come faccia io, uomo di cinema, a saperne di segreti del palazzaccio o averne carpito i misteri, non temete, la risposta è molto semplice e la troverete alla fine del libro, ma siate onesti e non barate, almeno questa volta: i giovani ci guardano.

I. RIVOLUZIONE

Mia figlia mi osservava con occhi divertiti, non si aspettava certamente una reazione così sconvolta da parte mia, in fondo la sua era una domanda semplice, come tante altre già poste mille volte in passato durante queste camminate sul porfido dei sanpietrini, che quando sconnessi e sciolti mi ricordano tanto rivoluzioni di piazza, in cui diventano proiettili micidiali.

La domanda più pericolosa fino a quel momento era stata se Babbo Natale esiste, sussurrata con il faccino pieno di timore, molti anni fa.

Con i figli abbiamo deciso sin dall'inizio di essere sempre aperti e disponibili, senza mentire mai, o il meno possibile, e devo dire che all'epoca pensai di essermela cavata bene, rispondendo che il buon vecchio *Santa Claus* esiste a condizione che vogliamo che esista; a volte abbiamo bisogno di credere in qualcosa perché già il solo pensiero che un mito possa essere una realtà, dona conforto e gioia.

Provarne o no l'esistenza è irrilevante.

Aggiunsi anche che la *magia* del Natale nasce proprio dal fatto che tanti bambini credono fortemente a Babbo Natale.

Questa volta era diverso però, e non me la sarei cavata così facilmente, la domanda era di ben altro spessore.

«Per chi voti?»

Ouch! - come direbbero in Inghilterra.

Il peso della mia possibile risposta si scaricò su di me come mattoni sganciati da una rete sospesa, dove ognuno di essi fa danni individualmente, oltre che collettivamente.

La mia prima reazione fu di replicare che il voto è segreto e personale, ma mi resi conto che in una famiglia come la nostra, in cui abbiamo sempre detto che segreti non ce ne devono essere e tutti possono discutere liberamente, dichiarare che qualcosa era riservato sarebbe stata ipocrisia pura.

Mi resi anche conto all'improvviso che non mi ricordavo più, assolutamente e decisamente più, cosa e per chi avevo votato.

Come è possibile direte voi?

Ricordo bene la scheda elettorale giunta per posta, come succede a noi emigrati, bella stesa sul tavolo, piena di simboli più o meno brutti e di nomi più o meno proponibili, anche se i nomi stampati sul foglio color pastello sembravano appartenere più a una vecchia etichetta di un rimedio per la tosse, che alla scena politica moderna.

Vi confesserò anche che alcuni li credevo già passati a miglior vita, e non intendo al Senato.

«Non ricordo...» fu la risposta più sincera che potessi dare e quella che effettivamente si fece strada tra le mie labbra.

Lo sbalordimento di mia figlia fu altrettanto sincero: «Come fai a non ricordarti una cosa del genere babbo?!»

Mi sentii come un imputato davanti alla pubblica accusa in un film poliziesco, gli occhi di mia figlia che scrutavano ogni possibile segnale che tradisse la veridicità di quella mia versione di una improbabile realtà.

Non ricordo! - ribadii con la convinzione di chi ammette a sé stesso che la memoria ha giocato un brutto scherzo, abilissima e crudele, con il tempismo tipico dell'umorismo sadico dei momenti peggiori.

Vedi - aggiunsi - è difficile ultimamente seguire chi rappresenta ideali che fino a qualche anno prima venivano portati a bandiera, difesi ferocemente con i *mai e poi mai* che però improvvisamente cedono come castelli di sabbia alla prima maretta parlamentare.

«Cosa intendi per *maretta* parlamentare? E come funziona il Parlamento? Come funziona la politica in Italia?»

Ci sono momenti, pensai, in cui ti rendi conto che l'eternità è veramente lunga, soprattutto verso la fine.

Spiegare la politica italiana? Ma stiamo scherzando?

Avete presente il momento in cui la polizia vi ha fermato per eccesso di velocità e il vostro cervello va ancora più veloce per trovare una scusa credibile, ma le rotelle cerebrali slittano sulla superficie bagnata del vostro sudore nervoso? Mi sentivo così, oltre a essere in discesa encefalica con un torpedone di pensieri contraddittori che veniva dal lato opposto.

Decisi di procedere con ordine - cosa sai di come funziona il governo? Non vi insegnano la Costituzione a scuola?

Chiamare *scuola* il *liceo* parlando con un liceale è come chiamare *dottore* un grande e famoso *professore* di medicina: ti guarderebbe con il disprezzo e la superiorità di chi ha conoscenza profonda di cose a cui solo pochi esseri umani hanno accesso privilegiato. Uno sbuffo da teenager accolse questa domanda fatta solo per prender tempo, e al vento seguì il balenio dei suoi occhi verdi e intensi, appena allenati da Senofonte in lingua originale, quel Greco antico che ai più sembra cirillico. Questo primo round non mostrò cartellini a mio favore. Quando salivo sul ring in passato non ho mai pensato di perdere, ma sparring con una figlia di diciassette anni è uno scambio di colpi perso ancor prima del suono della campanella di fine round.

Come sempre decisi di trattarla per la donna che è, non la bambina che ogni padre vorrebbe conservare gelosamente lontano da un mondo corrotto e confuso.

Tirai anch'io un sospiro, il mio da cinquantenne alle corde però, e misi le cose in chiaro: allora diamo per scontato che le basi le hai, oppure mi prometti che i fondamentali li cerchi su Google. Io ti posso dire quello che i libri non dicono, che molti non sanno e soprattutto quello che ho scoperto grazie ai miei informatori.

Aggiunsi quest'ultima frase per darmi un po' d'importanza, mi era sempre piaciuta sentirla dagli eroi della serie *Starsky&Hutch*; chi non ha adorato l'informatore capo di tutti gli informatori della TV: *Huggy Bear*? Ma torniamo a noi, sul ring.

«Informatori?»

Fu il suo colpo d'assaggio.

«Vuoi dire la zia?»

Vi avevo avvisato che il suo uno-due era pericoloso.

Accusai il colpo e lavorai ai fianchi.

Concentriamoci - dissi - e io ti spiego come funziona la politica, però non ti aspettare che ti spieghi anche *chi* fa politica, quello non lo posso fare.

«C'è poco da spiegare, le mie compagne di classe dicono che fanno tutti schifo e un mio compagno dice che suo padre rivorrebbe Mussolini, e lui è d'accordo.»

Respirai a fondo.

Lascia perdere chi rivuole camicie e fazzoletti colorati - risposi lentamente - di qualsiasi colore siano finiscono per essere usati per impiccare la gente, anche a testa in giù.

«Perché non vuoi spiegarmi i politici? Non sarebbe preferibile conoscere meglio loro e, di conseguenza, capire la politica?»

Risposi con un sorriso.

Se comprendi il meccanismo politico capire *chi* fa politica, magari non diventa più semplice, ma forse più accessibile, a condizione che tu ignori certi pregiudizi, accettando che, come diceva André Malraux: *Non si fa politica con la morale, ma nemmeno senza.*

«Non ha senso papà, è come dire che non si costruisce una casa con i mattoni, ma nemmeno senza.»

Esatto, infatti ci vuole un architetto, dei muratori, serve legno, vetro e acciaio, per non parlare di malta e cemento; i mattoni non sono una casa.

Roteando gli occhi al cielo mia figlia si aggiustò i capelli, tipico di chi prepara un attacco: «Papà questi sono virtuosismi lessicali puri e semplici!»

Non lo nego, ma servono a far pensare che non si può capire di politica senza accettare che la politica è parte dell'uomo, come i mattoni sono parte di una casa. Dire *non faccio politica* è come dire *non vivo.*

«Ancora Aristotele, babbo?»

No, anche se ci sarebbe stato tranquillamente come autore, chi lo disse fu Jules Renard.

«Malraux... Renard... cosa c'entrano i francesi? Mica stiamo parlando di rivoluzione!»

Renard era un fine conoscitore dell'animo umano, un filosofo dal tono arguto e sottile, con delle belle uscite, la più famosa rimane: *La pigrizia non è altro che l'abitudine di riposare prima che ti stanchi.*

Elena non perse la ghiotta occasione:

«Si adatta perfettamente ai politici.»

Non cadere nei luoghi comuni e nei pregiudizi, è il primo errore di chi vuol capire, e, a proposito di capire, Malraux non solo fu un grande scrittore con il suo *La Condition Humaine* ma fu anche ministro per ben due volte, viaggiò in tutto il mondo e fece grandi cose sia come scrittore, un suo libro venne adattato a film, sia come politico.

«Preferivo si trattasse di rivoluzionari, molti miei compagni dicono che ci vorrebbe una bella rivoluzione per sistemare l'Italia.»

Mi scappò una gran risata.

L'Italia non è un paese di rivoluzionari, non scende in piazza! L'italiano tipo è troppo sazio, basta che gli fai avere la partita in TV la domenica e la brioche tutte le mattine ed è a posto: *panem et circenses* come disse Giovenale.

«A dire il vero babbo, l'Italia le sue rivoluzioni le ha avute, il Risorgimento ad esempio...»

La interruppi.

No, non mi dare la versione delle scuole, il Risorgimento non fu quell'eroico momento di un manipolo di eroi senza macchia, di macchie ne avevano eccome e fu anche pieno di macchiette che cercarono attenzioni e rivalse, causando danni e morti inutili.

Siamo un paese di emigranti grazie al Risorgimento, che ha depredato ricchezze a destra e a manca senza curarsi delle conseguenze. In ogni caso anche se lo considerassimo una vera rivoluzione, non lo abbiamo mai portato a termine, ma lasciato a metà come quasi tutte le iniziative di popolo, compresa la democrazia e la Costituzione. Noi italiani riusciamo a completare solo le opere d'arte, anche se poi lasciamo che si disfino da sole. Quando i Carbonari cercarono di coinvolgere le classi popolari finirono tutti molto male, dato che il popolo non li appoggiò, anzi.

L'Italia unita non venne dalla rivoluzione degli italiani barricati in strada, ma dal genio di Cavour, che seguiva le direttive della monarchia di Vittorio Emanuele II.

L'italiano fa le barricate solo se può usare i mobili degli altri, al massimo di suo ci mette una pignatta.

Mia figlia mi guardò come un Garibaldino cui avevano appena servito la sbobba del rancio. Rincarai la dose.

Come disse lo scrittore Longanesi: *Noi italiani vorremmo fare la rivoluzione col permesso dei Carabinieri!*

«Non ci posso credere che riduci il Risorgimento così, se ti sentisse il *prof*! Comunque, tutti sempre a citare la storia, come se non si potesse discutere di niente senza tirar fuori il passato.»

Aspettavo che mia figlia dicesse questo, l'aspettavo proprio al varco come se fossimo a Porta Pia.

La storia è l'unica che ci può insegnare qualcosa, è maestra di vita perché non ripetiamo gli errori del passato. Se osservi la storia ti accorgi che il fattore più pericoloso in politica è sbandierare il nostalgico come se fosse nuovo.

Guardiamo al passato come se fosse immerso in una polvere d'oro che profuma di rose, quando invece olezza spesso di un liquame di menzogne bevuto avidamente da masse enormi. Senti spesso dire che la storia si ripete, quando in realtà non è affatto così, ci sono temi che ricorrono, ma la storia è troppo complessa perché si ripeta.

Mia figlia continuava a guardarmi incredula.

Allora facciamo così - continuai - prendiamo un esempio di storia utile e immediato: *Harry Potter*.

Questa volta fu Elena a ridere di gusto.

«Harry Potter non è storia babbo! È finzione!»

Vedi - replicai al volo - ti fermi in superficie, proprio tu amante di Harry Potter! Dodici case editrici rifiutarono il manoscritto di Harry Potter di JK Rowling prima che il presidente della Bloomsbury ascoltasse la figlia di otto anni, Alice.

Harry Potter fu tradotto in 60 lingue, distribuito in tutto il mondo e ha fatto guadagnare miliardi di dollari all'autrice e alla casa editrice. Non la trovi una lezione di storia?

Con un sorrisetto assestò il suo colpo preferito:

«La lezione vera è che i padri dovrebbero sempre ascoltare le figlie!»

Se Bruto avesse avuto una sorella, Cesare sarebbe morto di vecchiaia! - aggiunsi, facendola ridere di nuovo.

«Ma secondo te le donne sono migliori degli uomini in politica?» replicò con tono furbo.

Evidentemente la mia pausa fu troppo lunga.

«*Daddy*? Non sei d'accordo?» aggiunse quasi seccata.

Lo sai che non amo dire *meglio* o *peggio*, è sempre più complicato di così ed è limitante perché di solito enfatizzando una caratteristica di uno dei due sessi, ad esempio che le donne sono più abili a mettere le persone d'accordo su qualcosa, a trovare un compromesso, mentre gli uomini sono più competitivi e spinti al confronto, si finisce con il ridurre tutto a stereotipi.

Notai che si stava irritando e decisi di correre ai ripari.

Lo sai chi era Ginger Rogers?

«Un'attrice?» rispose svogliatamente.

Anche, ma soprattutto una ballerina di tip-tap eccezionale, cerca i suoi video e vedrai quanto incredibili erano le sue evoluzioni soprattutto quando ballava con Fred Astaire, il miglior ballerino di tip-tap mai esistito. Quando le chiesero com'era ballare con una star come Fred Astaire, rispose elegantemente che sulla scena faceva tutto quello che faceva lui e per di più lo faceva all'indietro e sui tacchi alti.

Elena rise di gusto. «Allora mi dai ragione!»

Lo sai che sono femminista! - esclamai - Di donne in gamba ce n'è tante in politica o al governo, guarda Angela Merkel ad esempio, ma non ha senso dire che le donne sono meglio degli uomini, anche se preferirei ce ne fossero di più in posizioni ad alto livello e non solo in politica, ma in tanti altri settori, compreso il cinema. Sicuramente troppo testosterone è controproducente, senza ridurre tutto a una questione di maschio-femmina, sperando però che i maschi non continuino a favorire solo la bella gamba che esce dalla gonna.

Rise di nuovo.

«E in Italia ci sono donne in gamba in politica?»

Riusciva sempre a prendermi alla sprovvista con i suoi elenchi da ultim'ora, mi salvai come potei.

Lina Merlin in Italia se la ricordano tutti quelli della generazione di mio padre, dato che chiuse i bordelli, le case chiuse delle prostitute, tutt'ora una legge molto contestata. Ex partigiana e antifascista partecipò ai lavori per la scrittura della Costituzione, introducendo la frase *senza distinzione di sesso* nell'articolo tre. Eliminò la disparità tra figli adottivi e figli propri oltre che la *clausola di nubilato* che permetteva di licenziare le donne che lavoravano se si fossero sposate.

«Potevano licenziarle solo perché volevano sposarsi?»

Già, tieni conto che le donne in Italia ottennero il voto solo nel 1946 a livello nazionale e la Costituzione italiana del 1948 garantì alle donne pari diritti e pari dignità sociale in ogni campo con l'articolo tre. Chi collaborò alla scrittura della Costituzione fu anche Nilde Iotti, sempre molto rispettata e che divenne Presidente della Camera per diversi anni, simbolo delle donne che si emancipano e hanno successo anche in politica, ruolo che venne poi ripreso da Irene Pivetti con grande classe in tempi più recenti. Un'ex maestra elementare di nome Tina Anselmi diventò il primo ministro donna nella nostra storia, mi sembra del lavoro, e poi della sanità, e si batté fino in fondo per la legge sulle pari opportunità. Comunque quella che tuttora è considerata la donna che ha più influenzato la politica in Italia è Emma Bonino che ha fatto delle battaglie veramente storiche, ed elencarle tutte non basterebbe un pomeriggio, ti basti pensare che la rivista americana Newsweek la inserì nell'elenco delle centocinquanta donne che muovono il mondo.

«Caspita, è conosciuta anche all'estero?»

Certo, fu molto attiva in Europa e fu anche parlamentare a Bruxelles, molto impegnata a livello internazionale. È sempre stata conosciuta per il suo stile battagliero e anticonformista, una persona con forti convinzioni sempre decisa ad andare fino in fondo a costo di rompere e far danni; non mi ricordo più chi, mi sembra il Presidente della Repubblica Pertini, la definì il *monello di Montecitorio.*

«Era davvero così *terribile?*»

In senso buono sì, è tutt'ora una vera forza della natura, appassionata di libertà, democrazia e giustizia, ma anche se molto amata non è mai riuscita a tradurre in voti questo consenso emotivo.

«Perché donna?»

Non so, sinceramente non lo so, sono convinto che non ci sia un'unica risposta. Pensa che fu ministro degli esteri nel 2013, e nonostante ciò ha difficoltà a raccogliere voti quando si candida, per molti è ormai l'eterna candidata. Quando si parlò di una sua possibile nomina a Presidente della Repubblica si mossero in molti per sostenerla, non solo in politica ma anche nello spettacolo, e paradossalmente non se ne fece nulla. La ragione pare sia nel fatto che al suo nome molti associano battaglie come quella per l'aborto, l'eutanasia e altre posizioni laiche che sono malviste dall'Italia cattolica che ancora comanda, nonostante si faccia un gran parlare di come i tempi siano maturi per un candidato donna.

«Deprimente...», disse mostrandomi la pagina di ricerca Google sul cellulare cercando *migliori donne in politica italiana,* «La maggior parte dei risultati riguardano l'aspetto fisico:

Miss Parlamento: guarda e scegli la più bella... oppure: *Donne in politica, le dieci italiane più sexy...* ma possibile che siamo giudicate solo per l'apparenza?»

Scossi la testa, aveva ragione.

Margaret Thatcher una volta disse che la vera parità dei sessi si raggiungerà quando una donna stupida prenderà il posto di un uomo stupido senza che nessuno se ne accorga.

Ridemmo assieme, era ora per me di un buon caffè e per mia figlia di tornare a Senofonte.

Questa chiacchierata con accenni di politica fu la prima di molte, e si arrivò ad un punto tale che anche alcuni dei suoi compagni di scuola si fecero coinvolgere.

Il tono rimase quello che avete appena sentito, un misto di pensieri seri, belli in ordine, alternati a momenti di caos, che i giovani d'oggi osano chiamare *brainstorming*, e che noi a quell'età definivamo far casino, spesso richiamati da professori o genitori, preoccupati che le nostre giovani menti venissero corrotte da idee balzane e pericolose, riempendoci di ammonizioni e liste di cose da seguire, che si aggiungevano a quelle già lunghe dei dettami del *non fare*.

A quei tempi ci parlavano da cattedre alzate da terra, senza sentire cosa avevamo da dire.

La vera rivoluzione in politica si fa con i giovani, ascoltandoli.

2. ZOPPI IN CORSA

William James, psicologo e filosofo del funzionalismo e del pragmatismo americano che ebbe risonanza in Europa, scrisse che molte persone sono convinte di pensare quando in realtà stanno semplicemente riarrangiando i propri pregiudizi.

Pensare che tutti i politici siano corrotti non fa altro che alimentare tale pregiudizio, ignorando fatti e dati obiettivi, a discapito di chi fa sacrifici per il bene di altri.

Questo fattore, parlando ai giovani, è da tenere ben presente, ricordandoci che l'aggressiva riluttanza a discutere di politica è figlia dell'avversione a tutto ciò che è considerato sporco, brutto, anche se solo percepito tale.

La visione dell'*homo politicus* dei giovani di adesso è molto simile a quella che ci disegnava il regista Elio Petri negli anni '70, soprattutto in film come *Indagine su un cittadino al di sopra di ogni sospetto*, che poi un altro grande regista di quegli anni, Francesco Rosi, sublimò con *Cadaveri eccellenti*.

«Perché eccellenti?» Elena mi mise un braccio attorno al collo, schioccando un bacio sulla guancia.

A scuola come è andata? - chiesi.

«Eccellente, come a un cadavere!» ridendo mi si sedette accanto, esagerando la stanchezza post lezioni.

Stavo parlando da solo? - chiesi sapendo benissimo la risposta; Elena annuì ancora prima che finissi la frase.

Eccellenti perché importanti, al di sopra di tutti. In quel periodo ci fu una produzione cinematografica eccezionale a riguardo, di critica graffiante sui soprusi dei potenti nei cosiddetti anni di piombo, gli anni '70 delle rivolte giovanili e la strumentalizzazione a fini politici di un vero malessere sociale, un periodo molto buio della storia italiana recente.

«Usavano il malessere dei giovani a scopo politico?»

Certo, anche se la stragrande maggioranza dei politici italiani ha sempre ignorato o sottovalutato la gioventù, e possiamo contare le eccezioni sulle dita di una mano fino a qualche anno fa, e anche le eccezioni *usarono* i giovani per attirare consensi immediati, per poi disattenderne le aspettative.

Sandro Pertini, amato Presidente della Repubblica dallo stile schietto e fuori dagli schemi, semplice di parole e dalla battuta pronta, fu personaggio istintivo adorato dai giovani di allora, molti ora se lo sono dimenticato, ma segnò un nuovo stile presidenziale, anche molto arguto.

Piaceva ai giovani perché in fondo era un genuino finto burbero, stimolando quello che gli italiani sanno fare meglio, coccolare chi appare semplice e indifeso. A dire il vero tanto inerme non lo era affatto, anzi, i suoi attacchi al Parlamento, per non parlare dei suoi discorsi di fine anno, lo resero famoso in tutti gli ambienti. Non si faceva troppi problemi nel dire cose che nessuno osava dire con la più grande naturalezza.

Fu eletto Presidente della Repubblica nel 1978, anno sciagurato per l'Italia, e in realtà una volta al Quirinale trasformò il suo incarico in una Presidenza dal piglio deciso e di poche ciance.

Gli italiani amarono molto quel gesticolare animato e folkloristico di Pertini, Socialista di corteo vecchia maniera, onesto e fresco di bucato; rappresentò bene l'Italia che reagisce e non sta ferma; nonostante l'età era molto in gamba.

«Politici in gamba ne abbiamo mai avuti?»

Certo, ne abbiamo avuti di veramente grandi: statisti dello spessore di De Gasperi, Saragat, La Malfa, Vanoni e molti altri, e sopra tutti Einaudi, vero gigante della politica.

«Ma Einaudi non era un editore?»

Mia figlia riusciva sempre a interrompere la mia foga oratoria con le domande più semplici e al tempo stesso più disarmanti.

Lo era il figlio Giulio - la corressi - mentre il padre Luigi è giustamente considerato il padre della Repubblica Italiana.

«Ma non possiamo parlare dei politici *vivi,* di oggi?»

Elena - risposi con sorriso da padre paziente - solo se capiamo chi è venuto prima, possiamo decidere chi vale dopo, sennò che termini di paragone abbiamo? Inoltre possiamo capire perché i giovani vanno e tornano di moda tra i politici. Einaudi dicevo, monarchico puro e convinto ma acceso antifascista, accettò malvolentieri l'incarico di secondo Presidente della Repubblica da Alcide De Gasperi, altro mostro sacro sempre vestito di grigio che non rideva mai e che nessuno riusciva mai a far ridere.

Piemontese tutto di un pezzo, Einaudi non voleva proprio andare alla scrivania del Quirinale, venne eletto grazie alle manovre di chi osteggiò la nomina del conte Sforza, un repubblicano *dongiovanni* e mangiapreti che avrebbe portato ancora più caos a palazzo di quanto le bizze del provvisorio Presidente in carica, Enrico De Nicola, non avessero già causato nei due anni trascorsi. A tutto ciò si aggiunse che De Nicola non voleva saperne di andarsene, e ce ne volle a fargli capire che non era desiderato sulla poltrona più ambita d'Italia.

«Sembra *Il Trono di Spade*», mormorò Elena affascinata «Ma il conte Sforza era davvero così depravato?»

Probabilmente no, ma di sicuro non godeva di gran fama tra i Democristiani di sinistra di allora, veri tirafili in quel teatrino.

In tutto ciò a mantenere la comunicazione tra le parti è Giulio Andreotti, ricordati questo nome, all'epoca giovane sottosegretario alla Presidenza del Consiglio e messaggero scelto quando si trattò di comunicare al conte Sforza, già bello pronto con il suo discorso di insediamento, che non era lui il prescelto, ma Einaudi.

«Scommetto che fu contento; ma il conte Sforza era bello?»

Il buon conte andò su tutte le furie! Di aspetto fisico era affascinante, immaginatelo un po' dannunziano d'aspetto, elegante con un pizzo di barba bianca, il fare garbato ed eloquente del diplomatico di carriera qual era lui, tutto il contrario del riservato e schivo Einaudi, che pure zoppicava.

«Era zoppo?»

Già, l'economista di fama mondiale, corrispondente a Roma per l'Economist, ex Governatore della Banca d'Italia, aveva questa caratteristica in comune con il presidente americano Franklin Delano Roosevelt, ma in ogni caso marciò dritto e spedito quando si trattò di applicare misure economiche drastiche, necessarie a rimettere in piedi un'Italia sull'orlo del collasso economico dopo la seconda guerra mondiale. Era molto in gamba, se mi perdoni la battuta.

Tirai il fiato, la storia della politica italiana cominciava a prendere colore, nonostante la mia freddura, che Elena ignorò.

«Quindi un duro? Come la Thatcher?»

Non proprio, diciamo che i due avevano in comune un certo liberalismo economico che però veniva da correnti diverse, la

Thatcher si ispirava apertamente a Von Hayek, premio Nobel in economia, molto contrario all'intervento dello stato nel sistema produttivo, Einaudi invece era più aperto e liberalista, meglio disposto verso i dettami della scuola classica di Keynes, di cui Von Hayek era critico aspro. In ogni caso i due leader operano in tempi ben diversi, e la stremata Italia del dopoguerra non era per niente paragonabile all'Inghilterra malconcia che la *Lady di Ferro* prese in mano a fine anni '70.

«Scusa babbo, ancora però non afferro cosa questo mi possa servire a capire la politica di adesso, come e per chi votare!» fu la doccia fredda a seguire, accompagnata da cruccio di teenager. Proseguii imperterrito.

Ci siamo quasi, ora vedrai. Siamo agli albori della politica italiana moderna, e già si formano fazioni all'interno di un partito, quello Democristiano, con l'apparire di franchi tiratori, quelle persone che in teoria avrebbero dovuto votare come da direttive dall'alto, ma che all'ultimo momento votano altri, sabotando così il disegno dei capi, pratica usata ancora oggi. L'elezione di Einaudi a capo dello Stato rappresenta in piccola scala, e in modo più semplice, il tipico macchinare che si trova in politica, non solo quella italiana, fino ai giorni nostri.

Da un lato c'era De Nicola che disperatamente si aggrappava alla carica, promettendo posti importanti ad altri affinché lo appoggiassero, uno *scambio di poltrone* che continua anche oggi.

Di contro c'erano gruppi che spingevano interessi di altri, soprattutto di tipo economico, per far salire un proprio uomo oppure permettere l'ascesa a qualcuno che non recasse danni a nessuno. Tutto ciò per fare in modo che gli avversari mettessero una persona che non dico appoggiasse, ma almeno non ostacolasse, le proprie mire. In fondo la politica altro non è che impedire agli avversari di fare la propria.

De Gasperi prese in mano un'Italia sull'orlo del collasso economico, e dovette bussar cassa agli USA: eravamo messi così male che fu costretto a farsi prestare perfino il cappotto da un amico per non sfigurare alla casa Bianca, dato che il suo era liso e impresentabile.

Elena mi guardò incredula, annuii a riconferma e continuai.

Il disastro accadde dal '53 in poi, periodo in cui la maggioranza parlamentare non era più la valanga Democristiana di cinque anni prima, ma un equilibrio delicato di partiti diversi a garantire il governo, una coalizione variopinta ed etereogenea composta da Democristiani, Socialdemocratici e Liberali.

«A me suonano tutti uguali», disse Elena con un mezzo sbadiglio. Decisi di usare una terapia shock per risvegliarne l'interesse.

Hai mai sentito parlare di *legge truffa*?

Il suo sguardo stupito era già una risposta negativa.

Ripresi con foga.

Se ne sente spesso parlare ogni volta che qualcuno al potere cerca di cambiare non tanto come si vota, ma come i voti raccolti verranno interpretati; quello che molti si dimenticano è che esistette veramente, promulgata da De Gasperi e compagni, per evitare che il Belpaese in rovina cadesse in un caos di ingovernabilità dove i comunisti, sempre alle porte, prendessero il sopravvento. Questa legge riformava quella elettorale per l'elezione alla Camera dei Deputati, modificando il sistema proporzionale dando un *premio di maggioranza* al raggruppamento di liste che avesse superato la maggioranza assoluta dei consensi. Figurati come reagì la Sinistra di allora, memore di come una legge simile, la legge Acerbo voluta da Mussolini, avesse permesso al Fascismo di salire al potere trent'anni prima.

«Ma la Camera dei Deputati in cosa differisce nel Parlamento? E come si vieni eletti deputati?»

Una cosa alla volta: il Parlamento è formato da due camere, la Camera dei deputati e il Senato della Repubblica, ciascuna delle quali gode dei medesimi poteri, infatti si chiama bicameralismo perfetto. Per votarne i rappresentanti ora si usa un sistema misto: duecentotrentadue deputati alla Camera e centosedici Senatori sono eletti in collegi uninominali con formula maggioritaria in cui vince il candidato più votato. I rimanenti parlamentari sono eletti col metodo proporzionale aggiungendo i voti presi dai collegi plurinominali.

I deputati e i senatori eletti nelle circoscrizioni elettorali degli italiani residenti all'estero come me, sono in tutto diciotto.

I partiti possono presentarsi da soli o in una coalizione, che deve essere però unica in tutta Italia. Una coalizione presenta candidati unitari nei collegi uninominali.

Mio figlio passò in quel momento.

«Coalizioni? State parlando di *Guerre Stellari* o *Transformers?*»

Fermati qui! - tentai invano - che controlliamo se ne sai di politica quanto ne sai di cinema, invece di fare lo spiritoso.

«Devo andare a studiare da Giuseppe!» fu la risposta mentre chiudeva la porta di casa.

Dicevamo - ripresi - ah sì, il sistema misto a separazione completa con soglie di sbarramento...

«...a raggi fotonici!» aggiunse la mia spiritosa teenager.

Non ti ci mettere anche tu adesso, ne basta già uno! Dicevo... sbarramento: è al tre per cento per le singole liste e al dieci per cento per le coalizioni, che non possono usufruire dei voti dei partiti che non hanno superato la soglia dell'uno per cento.

Se una lista non raggiunge il tre per cento e fa parte di una coalizione, i voti vengono dati al partito principale di tale alleanza. Il candidato eletto in un collegio maggioritario rimane anche se il suo partito risulta escluso dalla ripartizione proporzionale.

Elena mi guardò con malcelata ammirazione.

«Ma come fai a ricordarti tutti questi dati?»

Le mostrai la pagina di *Google* aperta poco prima sul mio cellullare; lo diceva anche *Cervantes* che l'onestà è la miglior politica, tenendo a mente che il suo *Don Chisciotte* lo scrisse mentre era in galera per irregolarità come esattore delle tasse.

Rassicurata che il padre non fosse un genio, Elena prese coraggio: «Ma il sistema proporzionale funziona? Tanto perfetto il bicameralismo non deve essere, dato il casino che c'è sempre al governo in Italia.»

No, non lo è - ammisi - ma funziona solo fin quando le persone mantengono le promesse fatte agli elettori; il problema è che spesso ciò non è possibile. Ti ricordi la famosa frase che dice: con l'etica non si fa politica? Ecco, il motivo è che i princìpi possono rimanere tali finché non costano troppo, e un politico sagace sta dalla *parte giusta* fin quando deve passare alla *parte giusta dell'ultimo momento.*

Mi guardò disgustata: «E tu quello lo chiami esser capace?»

Forse no, però è *sagace*, cioè abile a capire cosa serve per governare, perché senza governabilità, cioè un accordo tra le parti, non c'è Stato.

«Fa tutto un po' schifo però!» sbottò mia figlia.

Attenta a giudicare in fretta: esistono due tipi di persone in politica, quelli che la fanno e quelli che invece se ne approfittano.

«La mia compagna Chiara dice che se ne approfittano tutti, nessuno escluso», sospirò.

Mi unii al suo sospiro, si paventava tutto più difficile del previsto.

Mi spiace che Chiara la pensi così, ma non è vero, sarebbe come dire che tutti gli studenti copiano durante il compito di greco se la maggior parte della classe prende un bel voto. Qualcuno avrà copiato, ma molti no.

Elena non sembrava per niente convinta.

«Puoi veramente fare nomi di politici d'oggi onesti?»

Il tono era chiaramente di sfida.

Li farò eccome, ma prima vorrei finire di parlare di Saragat, La Malfa e Vanoni - dissi, riordinando a caso delle carte.

Einaudi, come ti dicevo, riuscì a portare all'Italia una ventata di benessere e De Gasperi riuscì a controllare una sinistra sempre più belligerante e filosovietica creando un governo in cui Liberali, Repubblicani e Socialdemocratici erano alleati.

«Perché tutti avevano paura dei comunisti? In fondo non è un'idea così malvagia quella di mettere tutto in comune, soprattutto i mezzi di produzione per il benessere di tutti!»

In realtà non erano loro ad averne paura, ma gli Stati Uniti, che non potevano permettersi un governo amico dei Russi e perdere quella portaerei chiamata Italia ormeggiata nel Mediterraneo, così strategica contro i paesi dell'Est, all'epoca sotto egemonia Sovietica. Il famoso *piano Marshall*, che aiutava l'Italia finanziariamente, era stato fatto a condizione che non cadessimo in mani Sovietiche. Vanoni fu un ottimo ministro delle finanze, credendo in una moneta stabile che favorisse il risparmio, creando a lungo termine una economia florida di libero scambio, senza che lo Stato intervenisse troppo.

«E quelli di sinistra non erano d'accordo?» mi chiese.

Per la sinistra più a sinistra come quella di allora, lo Stato doveva intervenire su tutto, livellare tutto. La Sinistra moderata e illuminata del tempo vide in Giuseppe Saragat il suo simbolo, un uomo di grande acume politico, molto rispettato da tutti gli schieramenti, e lui non deluse le aspettative. Fu Presidente carismatico e politico abile che lasciò un segno duraturo, soprattutto quando nel '47 si portò via un pezzo di sinistra dal Partito Comunista di Togliatti, fondando il Partito Socialdemocratico che tenne in equilibrio quell'Italia tentennante, e a volte bislacca, ferita dalle lotte tra i partiti in quel dopoguerra di vera miseria.

«Mi hai fatto la storia d'Italia papà, ma ora devo andare a studiare sennò mi tocca saltare *zumba.*»

E scappò via, con l'agilità di chi sport ne fa tanto.

Pensai a Einaudi che seppur zoppo prima trascinò e poi fece correre l'Italia, mentre io restavo col fiato corto a riprendermi da un primo scambio da cui uscivo malconcio.

Meno storia, mi ripromisi ad alta voce.

Meno storia... già.

3. PANNI SPORCHI

Ci siamo dimenticati di La Malfa l'altro giorno! - dissi entrando in camera di mia figlia.

«Ho appena fatto pausa», rispose quasi a scusarsi che il vocabolario di latino riposasse al sole in santa pace.

«La mafia mi interessa, Pietro dice che in politica ce n'è tanta!»

Risi irrispettosamente - Ugo La Malfa, non la mafia!

«Oh no papà, ho fatto già due ore di storia stamattina!»

Sarò breve te lo prometto...

«Parli come un politico», tagliò corto.

E come un politico manterrò la mia promessa! - proclamai sedendomi su un puff bianco scomodissimo.

La Malfa non c'entra con la mafia, ma c'entra per capire la politica italiana, quella fatta bene, proponitore di contenuti invece che di schieramenti che altri difendevano, o peggio, avanzavano.

Infatti dichiarò che anziché accapigliarsi su a chi affidare il Governo, bisognerebbe veder cosa c'è da fare, e per realizzarlo accettare aiuto da chiunque si offra, anche se sono comunisti, e metterli alla prova.

«Coraggioso!» disse mia figlia, «Mi ricorda molto il concetto di *realpolitik* che abbiamo appena studiato.»

Esatto, La Malfa era un pragmatico e individuò il pericolo rosso non in Enrico Berlinguer, capo del Partito Comunista Italiano, ma nel suo sponsor, l'Unione Sovietica di allora.

La Malfa aveva anche capito benissimo che Berlinguer non voleva diventare il pupazzo di Mosca, e coinvolgendolo al governo avrebbe dato la possibilità ai Comunisti Italiani di emanciparsi da Mosca.

«Papà», mi interruppe, «tutti questi partiti mi hanno confuso l'altro giorno, volevo chiederti di spiegarmi cosa vogliono i Repubblicani, dove puntano i Liberali, perché i Fascisti erano ancora in giro col nome di MSI e così via.»

Mi aggiustai sul maledetto puff, non sarebbe bastato un anno per spiegare metà di quello che chiedeva.

Ti potrei fare una lista con partiti e programmi, di oggi e di allora, ma penso sarebbe abbastanza inutile, e anche a cercare su internet troveresti tanto di quel materiale da far impazzire quel secchione di Platone.

La faccia di Elena passò dal preoccupato al terrorizzato, come quando il professore accenna alla classe alla fine dell'ora «... e quasi dimenticavo...»

Quindi - continuai - ti fornirò un metodo rapido e utile che pochi conoscono e che ti darà un'idea veloce di quello che veramente propone Tizio e pensa Caio in politica.

Questa volta la sua attenzione era al massimo.

«Che sarebbe?» chiese ansiosa.

Twitter! - fu la mia risposta.

Un attimo di panico: la familiarità con *Instagram* non rendeva Twitter più simpatico a una giovane *web surfer*.

Continuai imperterrito.

Su Twitter, piattaforma preferita dai politici, tutti sono limitati a poche righe, veramente poche, ed è diventato uno dei mezzi più usati per comunicare alle masse, però tale obbligata economia di espressione impedisce ai politici di nascondersi dietro troppe parole e giri di frase.

Mi guardò come il gatto che guarda un riflesso dell'orologio sul pavimento: perché si muove?

Se esagerano la gente non li segue più - puntualizzai - in circa duecentottanta caratteri bisogna esprimere il proprio pensiero con chiarezza e semplicità, e chi lo sa veramente usare, guarda Trump in America ad esempio, ci mette molti commenti personali, che rivelano molto del carattere e della posizione di una persona.

«Si possono postare anche *video*?»

Sì, sebbene siano limitati anche quelli, al momento ad appena centoquaranta secondi.

Le si illuminò la faccia con un sorriso, il fatto che ci fossero dei filmati le garbava molto.

«Bel trucco papà, *very clever*. Tu sei molto seguito?»

Sorrisi compiaciuto.

Direi di sì, anche se non ho mai *tweetato* troppo.

Mi aggiustai di nuovo su quel puff maledetto.

Vedi Elena, i *social media* non hanno cambiato il modo di fare politica, ma sicuramente hanno reso la politica per certi versi più trasparente: sono finiti i tempi in cui ci si nascondeva dietro dichiarazioni che erano incubi lessicali, e son finiti anche i tempi in cui qualcuno poteva fermare una notizia con una semplice telefonata al direttore del giornale suo amico.

Oggi puoi anche chiudere un buco sulla rete, ma se ne apre uno ancora più grande poco più in là, tutto fa *news*.

«Però adesso ci sono anche le *fake news*!»

Vero, ma come tutti i fenomeni che appaiono su internet le reazioni sono rapide, prima o poi impareremo a combattere anche quelle. Una volta per estirpare una cattiva abitudine ci volevano anche degli anni, ora, pochi *megabyte* dopo, le cose si sistemano grazie al popolo della rete.

«*Popolo della rete* che i Cinquestelle stanno capitanando.»

Disse ciò con tono da politologo esperto.

Vero anche quello, ma ricorda che in politica, come in natura, nulla si crea: lo si scopre e utilizza soltanto.

Nel frattempo cominciavo a odiare quel puff sempre di più.

Conosci la regola di Brown?

Chiesi in acrobazia per non cadere.

«Quale Brown?»

Quello che disse: la maniera migliore per avere successo in politica è trovare una folla che sta andando da qualche parte e mettercisi davanti.

Elena rise scuotendo la testa.

Se ci pensi *Grillo e company* hanno trovato il loro pubblico e l'hanno messo in marcia, in stile movimento. - aggiunsi.

«Grillo ti piace?» chiese a tradimento.

Beppe Grillo fu un comico di una forza devastante, non mi perdevo uno spettacolo, e ha sempre attaccato tutto e tutti, la maggior parte delle volte con grande intelligenza e altrettanta energia. È il tipo di persona che abbracci o strozzi come disse qualcuno. Io l'ho sempre applaudito.

«Non hai risposto papà...»

Questa volta caddi dal puff.

Come politico è sagace, molto astuto, dice cose vere e intelligenti, ma sta cavalcando una tigre pericolosa, il consenso del popolo del web è capriccioso e volatile.

Riuscii a sedermi decorosamente sul tappeto, schiena appoggiata all'armadio.

«E Berlusconi cosa cavalca?», ribadì.

Berlusconi non cavalca niente, è abilissimo affascinatore in campagna elettorale, un grande comunicatore, e certamente una delle persone più capaci in politica al momento; conosce bene non solo l'Italia ma anche l'italiano come popolo, è sempre stato molto sensibile a cosa preoccupa non solo l'imprenditore, ma anche la casalinga. Inoltre ha a fianco persone incredibili come Gianni Letta che gli dice le cose come stanno, suo vero angelo custode, non per niente Berlusconi stesso lo definì *Un dono di Dio all'Italia.*

«In che senso angelo custode?»

Lo sai come descrivo la mia qualifica quando me lo chiedono? Di solito dicono che sono il braccio destro del regista, io invece preferisco dire che *proteggo il regista da ciò che vuole.*

A volte ciò che uno vuole non è necessariamente quello che funziona meglio o ha miglior risultato.

«Berlusconi ti piace o non ti piace?»

Mi avvicinai con il fare più paterno possibile.

Mi hai mai sentito dire di qualcuno *mi piace*?

«Lo dici della mamma», rispose a velocità doppia, con occhio furbo.

Elena! Che c'entra? Non divaghiamo, è ben diverso.

Mi piacciono tutti quelli che *fanno*, non sopporto chi critica gli altri e non si espone mai, l'inazione la trovo pericolosissima: Dante giustamente mise gli ignavi all'Inferno.

«Nell'Antinferno!» mi corresse la liceale del Classico, «Dato che non avevano mai deciso di agire e sempre seguire il più forte, non meritavano neanche l'Inferno vero e proprio.»

La pena a loro inflitta era tremenda - mi inserii - rincorrendo nudi un'insegna, attaccati da vespe e mosconi che li martoriavano, il sangue succhiato da vermi che ne mangiavano la carne.

«Non me lo ricordare!» sospirò «Me lo chiese la *prof* all'interrogazione e una mia compagna quasi vomitava mentre lo spiegavo. Ma Berlusconi cosa ha fatto di buono?»

Berlusconi ha fatto tante cose, di sicuro non è stato fermo con le mani in mano. Ha snellito la macchina burocratica, tolto l'obbligo del servizio militare, introdotto il divieto di fumare nei luoghi pubblici, migliorato la legge sulla difesa personale, regolato l'immigrazione e tant'altro.

«Pietro dice che ha subito dei processi.»

E chi non ne ha avuti in Italia! Se vuoi creare problemi a qualcuno gli fai una denuncia ed è colpevole a priori poveraccio.

Elena mi guardò perplessa.

«Ma tu cosa ne pensi?»

A dirti la verità, mi preoccupa di più che ci siano alcuni magistrati che fanno più politica che indagini. Quando il sistema giudiziario viene usato a scopo politico, e questo succede non solo in Italia, chiaramente c'è qualcosa che non va: i vari poteri dello Stato devono restare separati, ma non è facile.

Stiracchiai le gambe indolenzite.

Quando Berlusconi era al Governo successe anche una cosa interessante e quasi paradossale: l'opposizione di sinistra, che prima era quasi inesistente, si unì e si schierò decisa. Fino a poco prima a sinistra in Italia erano sempre pronti a darsi colpe l'un con l'altro, sembravano un gruppo di studenti in gita, arrivò lui e all'improvviso marciavano come cadetti all'accademia militare, scarpe lustre e guanti bianchi.

Rise di gusto, aveva ben presente il paragone.

«A proposito di guanti bianchi: cos'è *mani pulite*? Una mia compagna ieri ne parlava ma non ho capito a cosa si riferisse.»

Si sedette sul tappeto accanto a me.

Quella sì che fu una cometa con coda luminosa di tante speranze in Italia, soprattutto per i giovani di allora, purtroppo finì come una meteora in autocombustione nel vuoto assoluto.

Feci un attimo di pausa.

Nacque tutto nel 1992, con l'arresto di un Socialista di spicco con velleità di sindaco di Milano, colto nel sacco mentre intascava una tangente. Da lì a poco l'indagine, guidata dal magistrato Antonio di Pietro, si allargò a dismisura, scoprendo un perverso sistema di corruzione pervasivo a tutti i livelli. Di questa pioggia di arresti e processi a personaggi eccellenti ne beneficiò soprattutto la Lega Nord, facendo di *Roma ladrona!* lo slogan preferito, che Umberto Bossi sbandierò con forza di raro populismo.

Mi interruppe: «Pietro dice che voterà per Bossi, l'unico pulito.»

La mia risata fu questa volta quasi esagerata.

Dì pure a Pietro che Bossi oggi non passa un gran momento, meglio che continui a guardarsi in giro, povero ragazzo.

Mi guardò con aria sospetta e irritata.

«Babbo... sei sempre così diplomatico, sembra quasi che a te piacciano tutti!»

Non è vero, ma non voglio influenzarti, preferisco che trovi da sola materiale che ti possa formare un'opinione su una data persona, al di là di quello che altri ti dicono.

Il vantaggio di questi tempi è la facilità che abbiamo di ricavare informazioni da varie fonti, l'importante che siano fonti autorevoli e non chiacchiere da bar!

Riuscii a strapparle un sorriso.

«Come si fa a sapere se le fonti sono autorevoli?»

Se si tratta di un organo o portavoce dello Stato è credibile, ad esempio la Gazzetta Ufficiale della Repubblica Italiana è la fonte ufficiale di conoscenza delle norme in vigore in Italia, diffondendo, informando e ufficializzando i testi legislativi, atti pubblici e privati che devono giungere con certezza a conoscenza del popolo italiano. Quindi ci trovi anche costituzioni di società, atti processuali, sentenze e così via, ed essendo pubblicata dal Ministero della Giustizia...

«...dovrebbe essere giusta!» completò la mia frase ridendo.

Si spera... - mormorai, con un velo di preoccupazione.

«Ma, indipendentemente da tutto, a te la Lega piace?» chiese sfacciatamente.

Elena, non ridurre tutto a un *mi piace* come fosse *Facebook*, la realtà politica e sociale è più complicata e non si può ridurla a un pollice blu alzato come sui social. Un movimento, lega o partito può anche piacermi, il problema sono a volte le facce che lo rappresentano, o le mani lunghe di chi spinge da dietro che mi preoccupa. Sono sempre stato diffidente di chi si scaglia troppo contro tutto e tutti, chiamando tutti ladri. Come dice il proverbio? Gallina che canta...

«Torniamo al *sodo* papà!» disse ridendo.

Brava, fai dell'umorismo! Seriamente però, il populismo è uno degli aspetti della politica che mi spaventa di più, dato che incitare le folle ha spesso conseguenze ben tragiche, con molti innocenti calpestati per nulla.

La ragione parla, l'ignoranza e il torto urlano e in Italia invece di migliorare le argomentazioni a difesa di idee valide tutti alzano la voce; se tutti urlano non si sente la vera ragione, quella della coscienza, l'etica. Purtroppo molti quando sentono la suoneria della propria coscienza fanno finta che non sia la loro, come fanno in chiesa, durante la messa.

Elena ridacchiò divertita.

La coscienza non urla - continuai - bisbiglia sottovoce perché ti vuole bene, anche quando ti sta dicendo cose che fanno male e non vorresti sentirle. Se urli mi allontano, ma se bisbigli mi faccio più vicino per ascoltarti meglio.

Dissi queste ultime parole a mezza voce e lei mi si avvicinò spontaneamente senza neanche accorgersene, ma durò poco, il trucco lo aveva capito. Continuai da dove avevo deviato.

Il vento di *Mani Pulite* diventò un vero e proprio uragano, e ai tanti arresti e incarcerazioni si aggiunsero anche numerosi suicidi, tra cui quello del noto Raul Gardini, presidente di un'impresa enorme come il gruppo Ferruzzi-Montedison. Molti politici corsero ai ripari per salvare il salvabile e venne emesso il decreto Biondi, che di fatto passò la spugna su diversi reati di *Tangentopoli,* come venne chiamata questa grande inchiesta, un gesto così grave che Di Pietro e il suo pool dichiararono in televisione di non poter proseguire, dato che il decreto li aveva di fatto fermati, ma ribadendo che sarebbe stato eticamente giusto continuare. Seguirono vicende da film con colpi di scena incredibili, come i tentativi di far risultare Di Pietro un corrotto, un attentato sventato per un soffio a un magistrato e inghippi vari.

Di Pietro, anche se venne provato che era innocente, si dimise comunque, e il popolo scese in piazza, protestando con violenza il Governo corrotto, a cui capo c'era Giuliano Amato, del Partito Socialista.

Berlusconi all'epoca dichiarò che la rinuncia del pool di magistrati gli lasciò l'amaro in bocca, e sono d'accordo.

Il governo funzionò per meno di un anno a causa dei troppi scandali, poi ad Amato seguì Ciampi, un indipendente, e durò poco più di un anno. A Ciampi subentrò Berlusconi, ma restò in carica solo otto mesi, quando Dini, altro indipendente prese le redini. Non sopravvisse molto neanche lui.

«Peggio de *Il Trono di Spade.*» disse meravigliata.

L'inchiesta non risparmiò proprio nessuno, tanto che l'allora potentissimo leader del Partito Socialista, Bettino Craxi, vista la mal parata dovette rifugiarsi in Tunisia. Poco dopo quello che viene definita la *Prima Repubblica* finì in totale ignominia.

Il costo umano di lavare questi panni sporchi fu alto, compresi diversi morti, ma costò anche finanziariamente, dato che la corruzione arreca danni tangibili a un paese: pensa solo al fatto che un'opera che dovrebbe costare cento finisce che costa anche tre volte di più per nutrire tutta la catena di tangenti richieste lungo il percorso, per non parlare del politico che riesce a far costruire un ponte dove non c'è un fiume, usando magari un ingegnere che lo progetta come fosse una diga.

Mia figlia mi fissò a lungo: «E poi che successe?»

Successe che vari governi si susseguirono e *Mani Pulite* venne non solo dimenticata ma anche additata come un'operazione in cui i magistrati avevano ecceduto di zelo.

Di Pietro in seguito lasciò la toga, fondò un partito e diventò ministro per ben due volte, e così si chiuse un'era che aveva promesso tanto, soprattutto ai giovani.

Fu in ogni caso una vera e propria rivoluzione pacifica della società civile, come qualcuno la definì.

«Che tristezza però!» sospirò Elena.

Già, anche se per molti versi la vedo come uno dei pochi momenti storici in Italia dove nessuno era buono o cattivo e i magistrati stessi che furono principali autori di *Mani Pulite* si macchiarono a loro volta di qualcosa di cui noi italiani siamo esperti: eccesso di protagonismo. Giovanni Falcone, il grande magistrato antimafia ucciso con autobomba, disse che *bisogna stare attenti a non confondere la politica con la giustizia penale. In questo modo, l'Italia, pretesa culla del diritto, rischia di diventarne la tomba.* E lui, pur avendo un potere enorme oltre alla stima infinita di tutti, era molto modesto, non ne approfittò mai.

«Cosa intendi con protagonismo?»

L'italiano purtroppo è un po' narciso, anzi tanto narciso.

Come popolo amante della propria immagine di creatori di gusto, spesso guardiamo con supponenza gli altri che *non hanno stile*, come se l'apparenza fosse la cosa più importante. Basta vedere come facciamo gli sceneggiati televisivi: in quelli americani quando un poliziotto insegue qualcuno, suda, si sporca, si ferisce, mentre pare che sulle nostre televisioni le nostre forze dell'ordine corrano assieme ai parrucchieri, mai un capello fuori posto dopo inseguimenti mozzafiato. Tutti belli e sexy, senza una macchiolina sulla divisa, con i sorrisi della *Pasta del Capitano*.

«La pasta di chi?»

Lascia perdere, è un famoso dentifricio.

«Vero, sembrano tutti fotomodelli», aggiunse.

Continuai cercando di togliermi dalla mente queste immagini da fotoromanzo anni '70, a cui la nostra televisione è rimasta tristemente ferma, con poliziotti belli con le divise stirate anche dopo aver strisciato per terra.

Molti tra i nostri politici amano apparire anche se non hanno nulla da dire, trovando terreno fertile su certi programmi televisivi che li lasciano a ruota libera, e a un certo punto non si capisce nulla, non solo quello che dicono, ma in che anno siamo.

«Non guardo la televisione, lo sai», mi fece notare.

Tu e quelli della tua età non molto, ma la mia generazione e un paio di generazioni a cavallo sì, anche troppo. Quando i Cinquestelle cominciarono ad uscire dal buio, Beppe Grillo proibì loro di andare sotto le luci della televisione, affermando che i *talkshow* fanno perdere voti. Il principio era giusto, ma in Italia se non sei presente parlano al posto tuo, non per niente siamo uno dei pochi paesi al mondo dove il silenzio-assenso è addirittura sanzionato ufficialmente.

«Cosa vuoi dire?» chiese curiosa.

Significa che in Italia il non pronunciarsi è addirittura diventato legale, con la legge Madia, per cui in molti casi se non si risponde ad un'iniziativa entro un certo numero di giorni si procede come se tutti fossero d'amore e d'accordo.

Bada bene che l'intenzione della legge è anche buona, cioè di snellire la macchina burocratica, infatti vale solo tra Pubblica Amministrazione e chi la gestisce, escludendo quindi i privati; in ogni caso è assurdo che si faccia una legge per ovviare al fatto che la Pubblica Amministrazione ha tempi lunghissimi per rispondere o addirittura *perde* la richiesta presentata, o peggio, si perde nel non rispondere.

«Vuoi dire che se io ti chiedo una cosa e tu non mi rispondi dopo dieci minuti hai detto di sì?»

Brava mascherina, un bel tentativo! Non ci provare neanche! - dissi accompagnando il tutto con un gesto affettuoso.

Comunque sì, è così: oggi i Grillini si vedono di più, è impossibile star lontani dal piccolo schermo in un paese come il nostro, dove uno va al bar con la moto nuova anche se abita a cento metri. È obbligatorio farsi *vedere* ad ogni occasione.

«Tu no però, hai sempre lavorato *dietro* la cinepresa...»

...e dietro la macchina da scrivere anche! No, non amo apparire, se non quando strettamente necessario.

«Quindi tu in televisione non ci andresti?»

Ci sono andato, ho parlato in pubblico diverse volte, anche quando ho presentato alcuni dei miei libri, comunque di gente che parla bene ce n'è tanta, ma parlar bene non basta, bisogna avere qualcosa da dire. Meglio dire una cosa e dirla bene, piuttosto che affogare la gente in un mare di fregnacce.

Rise di cuore, gli occhi verdi divertiti da quella parola così colorata.

«Tu dici che non tutti i politici sono corrotti, ma secondo me è perché son bravi a lavare i panni sporchi in casa.»

Non ce lo vedo un politico a fare il bucato a mano, nemmeno saprebbe pigiare il tasto della lavatrice.

Il suo sguardo diventò severo, meglio rimediare velocemente pensai, usando il tono più dolce possibile.

Credo che, soprattutto in politica, ci si ritrova chi ci meritiamo in quel momento, o per accidente o perché qualcuno ha votato così. Credimi, di gente in gamba in politica ce n'è, più di quanto tu possa immaginare, ci sono però anche mele marce e zucche vuote, come in tutti gli ambienti dove sono presenti esseri umani.

Sospirai leggermente.

La nostra spazzatura a volte è riciclata in Parlamento, ma siamo stati noi a produrla.

4. GIOVINEZZA

«Babbo, hai mai scritto poesie?»

Mia figlia stava lì sulla porta dello studio, con lo sguardo di un Cicerone pronto all'arringa in Senato.

Non feci in tempo a rispondere che aveva già fatto il giro della scrivania, poggiando sul piano il libro di Latino, più di settecento pagine intitolato *Uomini e voci dell'antica Roma*, quasi una minaccia.

«Ne hai scritte?» incalzò.

Dipende... - risposi trepidante.

«Da cosa? Se c'è il chiaro di luna?»

Il suo sorrisino beffardo tradiva qualcosa di furbo, la tipica espressione di chi sa qualcosa e l'altro no.

Avanti, spara! - dissi alzando le mani.

Trionfante si aggiustò il vestito e si sedette accanto.

«Sai chi erano i *neòteroi*?»

Mi guardava fisso, gli occhi che sorridevano però.

Dubito fossero dei gladiatori, quindi suppongo che la loro arma fosse lo stilo invece che il gladio. - risposi.

«Quasi babbo... quasi.»

Aprì il libro a pagina duecentosessantaquattro, ed eccoli lì, scritti in rosso imperiale romano.

Moriva dalla voglia di spiegarmelo e finsi di avere gli occhi stanchi.

Li vedo a malapena, me li presenti?

Con tono professorale semiserio cominciò.

«I *neòteroi* o *poetae novi* facevano parte di un gruppo di poeti che disprezzavano fortemente la tradizione e incentravano tutto sulla poesia, rifiutando qualsiasi attività politica, cosa impensabile a quell'epoca perché si trattava di giovani benestanti, per i quali l'attività politica era quasi un obbligo di famiglia.»

Ammisi la mia ignoranza e colsi la palla al balzo.

Vedo che il disinteresse dei giovani per la politica era presente anche nel 65 a.C. - dissi lentamente - con la differenza che le loro giornate erano occupate da ben altro tipo di tavoletta.

Spostai l'iPad con gesto esagerato.

«Very funny!» enunciò con il tono di una professoressa che vorrebbe ridere ma al tempo stesso si sforza di tenere l'alunno in riga.

«Lo sai che pochissimi in classe mia si interessano di politica? Anche quelli che si dicono leghisti o altro in realtà se ne fregano.»

In passato la politica ai giovani venne proprio fatta anche usando il *me ne frego!* e con grande efficacia.

Mi guardò come se avessi detto una bestemmia.

Proprio così - aggiunsi deciso.

In periodo Fascista, quando c'era Mussolini per intenderci, la propaganda, sfruttando proprio un poeta, Gabriele D'Annunzio, coniò diversi slogan per far presa soprattutto sui giovani, tra cui: *me ne frego!*

In giro per l'Italia ne vedi ancora, scritti sui muri o ricamati su gagliardetti nei musei, relitti di una ideologia che sconvolse l'Italia per un ventennio, fino al 1946.

Il Fascismo capì fin da subito che indottrinare i ragazzi era essenziale a creare un supporto sicuro in futuro, e tutta l'educazione, a casa e a scuola, era improntata su concetti eroici, di facile presa su quelle giovani menti. Mussolini fece addirittura scrivere una sua biografia apposta per i ragazzi, citando episodi personali di epocale eroicità veri o inventati che fossero, che stimolassero i ragazzi a curare il cameratismo, la fisicità e la disciplina. Inoltre vennero utilizzate canzoni che inneggiavano alla gioventù, enfatizzando lo spirito guerriero e senza paura dei giovani; la più famosa s'intitola proprio *Giovinezza*, nata anni prima come inno goliardico che poi diventò inno del neo nascente Partito Fascista.

«Ma i Fascisti cosa volevano?» mi chiese pronunciando la parola come se scottasse.

Tutti i regimi totalitari, sia di destra che di sinistra, vogliono una sola cosa: il controllo, con obbedienza cieca e fedele al dittatore o al partito.

In realtà anche in situazioni di comunismo come nella Russia di Stalin, nonostante all'apparenza fosse il partito e il popolo che comandavano, in pratica era solo Stalin a dare ordini. I Fascisti in Italia teorizzavano la supremazia della razza italica, affermavano che esiste una sola verità, quella del partito, e che tutti devono servire il bene del partito e del capo supremo.

«E i Comunisti cosa volevano? E in cosa differivano dai Socialisti?»

Esattamente le stesse cose, cambiando solo i colori.

«Stai scherzando papà?»

Certo che sì, ridurre posizioni apparentemente simili a ideologie diverse è pericoloso, ma questo è quello che sentirai dire da quelli che definiamo qualunquisti, e discutendo di politica spesso costoro hanno argomenti forti, non per contenuto ma per apparenza, e come sappiamo le apparenze ingannano.

Il socialismo e il comunismo nacquero come la stessa cosa per dirla in parole semplici, un tempo venivano usati in modo interscambiabile, disegnando un sistema sociale ed economico opposto al capitalismo, con la scomparsa della proprietà privata, l'eguaglianza sociale ed economica attraverso la cooperazione di tutti.

Tutt'oggi il termine cooperativa è quasi sinonimo di attività comunista, cioè una attività fatta dal popolo, i soci, di cui i benefici economici e non, vengono redistribuiti.

Ci sono vari tipi di società cooperativa e si distinguono da una società di capitali per il fine dichiarato: per una cooperativa il fine è garantire ai suoi soci il lavoro oppure godere dei frutti di questo lavoro, come ad esempio le coop, i supermercati.

«La mamma non va spesso alla cooperativa, dice che non trova lo stracchino che piace a me.»

Mia figlia mi riportava sempre alla realtà del pane e formaggio.

Me lo ricorderò la prossima volta che faccio la spesa. Diciamo comunque che la distinzione a posteriori fatta dai teorici della sinistra fu che il socialismo è la versione utopica, teorica, mentre il comunismo ne rappresenta l'applicazione pratica, scientifica, che porta alla dittatura del proletariato.

«Dittatura? Ma sono comunisti! Continuo a essere un po' confusa, soprattutto da tutti questi nomi che hai menzionato anche ieri: Democristiani, Socialisti, Socialdemocratici, Missini...»

Va bene - la interruppi - allora facciamo un po' di ordine e vediamo se riusciamo a dare un riferimento semplice e logico a tutto.

Elena si irradiò di serenità improvvisa.

Come ti dicevo giorni fa, se vuoi andare a vedere in dettaglio varie correnti di pensiero, movimenti e così via, *Wikipedia* ha degli ottimi riassunti a inizio definizione, che poi sviluppa in modo ordinato.

«Sì, ho letto qua e là, ma è tantissima roba!»

Mi aggiustai sulla sedia, il termine *roba* mi ha sempre ricordato Verga e il suo tragico romanzo, l'attaccamento disperato ai beni che non sono mai abbastanza, disposizione d'animo che ci rende ciechi e sordi a tutto fuorché al lavoro teso a produrre ancora più roba; alla fine non possiamo portare nulla con noi nella morte, neanche ammazzando le proprie anatre e polli come fa il protagonista nel romanzo verghiano.

«Papà, cosa c'entrano i polli?»

La guardai come se potesse leggermi il pensiero.

«Hai sussurrato *anatre e polli*...»

Ah sì, pensavo a quanto certi partiti in realtà siano polli travestiti da anatre, piume più sgargianti ma alla fine... comunque, dov'eravamo rimasti? I partiti, sì: ti consiglierei in ogni caso di dare un'occhiata rapida in rete, anche se quello che Wikipedia non può dirti è la percezione che questi partiti e correnti di pensiero hanno creato negli italiani.

«In che senso *percezione*?»

Vediamo assieme. In Italia se menzioni la parola *Socialisti* a persone della mia generazione, automaticamente non pensano a chi vuol trasformare la società verso una uguaglianza di tutti i cittadini sul piano economico, sociale e giuridico, e non pensano neanche a un partito che fu fondato a fine 800, primo vero partito in Italia, dato che all'epoca c'era solo una sinistra e una destra storica. Alla parola Socialisti la prima cosa che a me e ai miei contemporanei viene in mente è: ladri.

Sobbalzò sulla sedia.

Ti ricordi *Tangentopoli* e *Mani Pulite*? Tutto cominciò con un Socialista di spicco, certo Mario Chiesa, che venne arrestato dopo che un imprenditore chiese aiuto alle forze dell'ordine, stufo di pagare tangenti per essere fornitore di un ospizio, il Trivulzio, che faceva capo a Chiesa, che lo stesso capo dei Socialisti di allora, Bettino Craxi, definì *un malandrino isolato.*

Craxi però finì presto lui isolato anche se in compagnia, dato che quasi un gran numero furono i Socialisti indagati, processati e condannati, chi più chi meno, e nota il quasi, perché c'era anche tanta brava gente tra le loro file, ma vennero tutti etichettati ladri - sospirai sconsolato.

Beppe Grillo, che fece del denunciare i corrotti Socialisti la punta di forza della sua satira, lo aveva detto quasi dieci anni prima, imitando durante una famosa trasmissione RAI di prima serata, il delfino di Craxi che si chiamava Martelli, che durante un viaggio in Cina domandava al suo capo: *Senti, è vero che qua ce n'è un miliardo e sono tutti socialisti? Sì, perché?* rispondeva Craxi. *Ma allora, se sono tutti socialisti, a chi rubano?*

Tra le risate generali una gelida telefonata del potentissimo Craxi fece sbattere fuori dalla RAI il comico più sagace d'Italia, e abbiamo visto dove la sagacia porta. Qualche anno dopo il Pio Albergo Trivulzio aprì le porte per lasciare uscire Chiesa, che andò a pernottare per un po' di tempo tra mura dotate di sbarre, per poi spifferare tutto.

«Un albergo?»

Il Trivulzio era una casa di cura per gli anziani meno abbienti di Milano, un Istituto pubblico, cioè le nomine di chi lo dirigeva erano decise dalla Regione, e puoi solo immaginare il furore popolare quando saltò fuori che questi poveri vecchietti venivano nutriti con un cucchiaio di minestra in meno per foraggiare il Dottor Chiesa! Successe il finimondo e il Partito Socialista di lì a poco si sciolse come il dado nel brodo.

«Grillo ci aveva visto giusto, tanti anni prima!» esclamò.

Ti ho detto che è in gamba... - sussurrai.

«...se urlasse un po' meno però!» completò la mia frase con una strizzatina d'occhio.

I Democristiani invece nacquero nel dopoguerra, con il nome di Democrazia Cristiana - ripresi.

«Che nome furbo! Ma poterono chiamarsi così?»

Eccome! Sì un nome furbo, come lo è del resto Forza Italia no? Ma procediamo con ordine e ci arriviamo.

Contemporaneamente, o quasi, troviamo il Partito Repubblicano, quello Liberale, il partito Comunista e il Movimento Sociale Italiano, detto MSI, infatti gli adepti erano chiamati Missini.

«Erano sociali in che senso?»

Erano il residuo di ciò che rimase dei Fascisti in Italia, il Partito Fascista venne messo fuorilegge nientemeno che dalla Costituzione.

Pensai fosse il momento di offrire riscontri scritti.

Aspetta... - aggiunsi in modo casuale.

Aprii il computer e trovai quello che cercavo.

Ecco, senti qua: *XII disposizione transitoria e finale della Costituzione italiana: È vietata la riorganizzazione, sotto qualsiasi forma, del disciolto partito fascista.*

«Ma dice transitoria!»

Sì, ma in tipico stile italiano, pur essendo inserita tra le disposizioni transitorie e finali, ha carattere permanente e valore pari a quello delle altre norme della Costituzione.

«Sei sicuro?»

Sì certo - sorrisi rassicurandola - non sono io a dirlo ma la Giurisprudenza ufficiale.

«Ma l'MSI venne creato però, ed erano Fascisti.»

Ex Fascisti, e in ogni caso fu perfettamente legale, ci fu solo il divieto per cinque anni che nessuno, che aveva avuto cariche nel vecchio regime, potesse votare o essere eletto.

«Ma cosa è peggio? Il Fascismo o il Comunismo?»

Adoravo come a quell'età tutto si riduce in posizioni semplici, meglio-peggio, *cool-bad* e se non avete idea di cosa sia quest'ultima, state leggendo il libro sbagliato, siete decisamente fuori moda.

Mettiamola così, e perdona la semplicità - dissi con falsa modestia - ma possiamo dire che tutti e due risolvono un grandissimo fastidio a chi aderisce.

Mi guardò con la speranza propria di chi ha un solo numero per completare la serie vincente.

Ambedue tolgono ai propri seguaci il fastidio di pensare, dato che è lo stato, il partito o il grande capo che pensa a tutto. Non è più lo stato a servire il cittadino, ma è il cittadino a servire lo stato, o il bene comune se vogliamo vestirlo da pavone il nostro solito pollo.

Il suo faccino pulito si aprì a un gran sorriso.

«Detto così fa un po' paura.»

Purtroppo se dobbiamo riassumerla tutta in poche parole, la storia è così. A proposito di storia vediamo chi altro arrivò sulla scena politica nell'Italia dopo la prima guerra mondiale - presi carta e matita per aiutarmi un po'.

Esistevano tre partiti: il Cattolico, il Fascista ed il Comunista, nati alla fine del 1918, e questi vennero sempre identificati come i *bianchi*, i *neri* ed i *rossi*. Dopo che cadde il Fascismo i partiti di massa erano la Democrazia Cristiana, o DC, e il Partito Comunista Italiano, il PC, quest'ultimo godette di gran influenza grazie al fatto che era il maggior fautore della Resistenza partigiana, diventando il secondo partito italiano e il primo della sinistra, relegando il Partito Socialista Italiano, il PSI, in secondo piano. E così fu che per più di quarant'anni i Comunisti Italiani furono l'unica opposizione all'egemonia della Democrazia Cristiana, che a volte si alleò al governo con il Partito Socialista.

Tirai fiato, Elena non sembrava poi così annoiata.

«Quarant'anni sono tanti. Come ha fatto la Democrazia Cristiana a governare per così tanto tempo quando adesso cambiamo governo continuamente?» chiese di un fiato.

La risposta più semplice è che tutti avevano paura dei Comunisti, il terrore rosso. In Italia c'era una situazione particolare però, dato che in altri paesi attorno a noi, Germania, Inghilterra, Francia eccetera, la sinistra era più moderata e autoctona.

«In che senso autoctona?»

I Comunisti Italiani ricevevano apertamente aiuti dal Partito Comunista sovietico e la Russia di allora fece di tutto purché andassero al governo.

«E perché non ci riuscirono? I Russi son potenti!»

Fu grazie al più Comunista di tutti in Italia, che era anche il loro capo: Enrico Berlinguer.

«Non ha senso!»

Invece sì, perché Berlinguer, duro e puro come si suol dire, aveva capito che un'Italia sotto egemonia russa sarebbe stata un disastro, il loro modello non avrebbe funzionato per la nostra povera penisola. Una delle caratteristiche tutta italiana della politica del Belpaese è che la persona di punta, quella più influente del momento, condiziona tutti, dato che non siamo un popolo che fa del *principio* la propria bandiera, ma ama e segue per pigrizia il leader che fa più comodo.

L'italiano ha la memoria corta e Ugo Ojetti, uno dei più grandi giornalisti italiani mai esistito, tra i fondatori dell'Enciclopedia Italiana, disse che l'Italia è un Paese di contemporanei, senza antenati né posteri. Perciò, senza memoria. Tieni conto che lui di cose ne aveva viste tante e in prima persona, dato che partecipò alla prima guerra mondiale.

«Senza memoria e senza princìpi, siamo messi male.»

Lo disse con un pizzico di amarezza.

Cercai di alleviare quella pena.

Tieni conto che aver poca memoria permette di essere più felici, ci si gode più il momento, e a volte essere troppo attaccati ai princìpi ci rende testardi e ottusi.

Non sembrai troppo convincente, e quindi preferii riprendere a parlare dei partiti.

Tuttavia la DC a partire dagli anni '50 non ha mai avuto voti sufficienti per essere sola al Governo, dato che il sistema elettorale italiano era esclusivamente proporzionale, tanto che negli anni '90 tale sistema permise ai piccoli partiti laici…

«Laico inteso come non religioso?» m'interruppe.

…non solo non legati ad una confessione religiosa, ma quei partiti democratici che non seguono né l'ideologia cattolica né quella socialista, tipo il Partito Liberale Italiano, nato dal liberalismo pre-fascista, il Partito Socialista Democratico Italiano, formatosi da un pezzo del PSI e del Partito Repubblicano.

Senza di loro in Parlamento non si governava. Il termine *laico,* quando è riferito alla politica italiana, ha uno spettro più ampio di significato, con sfumature diverse.

Sbadigliò cercando di mascherare la cosa, ma non vi riuscì. «Scusa babbo, ma non mi sembra che la politica sia molto eccitante, tutti questi colori mi sembrano tutti un po'... grigi.»

Al contrario - risposi - ci sono colpi di scena e personaggi estremamente colorati in quegli anni, il mio favorito da quel punto di vista era Marco Pannella, quando c'era lui le cose si animavano eccome!

«In che senso?»

Pannella fu il fondatore del Partito Radicale negli anni '50, nato da una scissione dell'ala più a sinistra dei Liberali di allora. Fu un personaggio dalle mille battaglie e soprattutto dai discorsi infiniti., ma pieni di passione e cose interessanti. Un gran cervello.

«Sagace?» aggiunse rapida. La mia piccola cominciava a masticare la politica.

Probabilmente sì, inteso come capace di capire dove il vento popolare tirerà domani e preparare le vele in anticipo, e contribuì a profonde innovazioni, come la legge per l'aborto, l'abolizione del nucleare e tante altre. Fu amico del Dalai Lama, Jean Paul Sartre lo ammirava, ebbe incontri privati con Papa Giovanni Paolo II e perfino Papa Francesco lo chiamava ogni tanto.

Spinse la riforma carceraria per il miglioramento delle condizioni dei detenuti e, per protesta contro il sistema corrotto, portò la pornostar Ilona Staller ad essere eletta deputata. Venne processato diverse volte, per le imputazioni più disparate, e rimane forse il personaggio più eclettico e interessante del panorama politico italiano. Quando morì, nel 2016, la stampa nazionale e internazionale lo definì *eroe dei diritti civili e delle libertà*, un vero mito insomma.

«Ti piaceva proprio papà!»

Ho sempre ammirato chi crede nelle proprie battaglie, ma è anche capace di ammettere che le idee di ieri non funzionano più e bisogna adattarsi ai tempi.

Pannella fu uno dei primi ambientalisti, quando ancora non si parlava di ecologia in politica, e una persona di grandissima umanità, difendendo con fervore i diritti per la parità della donna, degli omosessuali e dei transessuali.

Purtroppo molti lo ricordano soprattutto per i suoi famosi scioperi della fame e della sete e per le ore e ore in cui parlava via etere a radio radicale.

Elena si alzò dalla sedia portando con sé il libro di latino da settecento pagine.

«A proposito di ore e ore, devo andare a finire il capitolo per domani, sai com'è, noi giovani!»

Mi venne un gran sorriso.

Proprio con i giovani - aggiunsi - Pannella sapeva parlare, soprattutto con i giovani.

«*Ai* giovani vorrai dire», mi corresse.

No no, *con* i giovani, ascoltandoli e capendo quello di cui avevano bisogno, diventando poi megafono che amplifichi quello che la gioventù pensa e di cui necessita, facendosi ascoltare da quelli che governano il paese.

Quest'ultima affermazione mi guadagnò un bel bacio sulla guancia.

«Tu mi ascolti sempre babbo, anche se oggi hai parlato tanto; capisco i poveri deputati seduti in Parlamento ad ascoltare Pannella per ore!»

Ridendo si allontanò veloce, evitando un buffetto da parte mia.

Vai che poi sei in ritardo e la mamma ci sgrida che ci perdiamo in chiacchiere incomprensibili.

«Le dirò che stavamo facendo politica!»

E sparì in corridoio ridendo divertita.

Beata gioventù, pensai.

5. FOGLIE

Lo zaino leopardato cadde pesantemente accanto alla mia borsa, il tagliando della British Airways ancora attaccato alla maniglia.

«Babbo!»

Mi si arrampicò in braccio come faceva da piccola; oggi, donna, mi buttò quasi a terra.

Stellina!

Cristina ci guardò con la pazienza di una madre che capisce che il rapporto tra padre e figlia sarà sempre una cosa speciale.

«A tavola bambini, e tutti e due subito a lavarsi le mani! Scuola e aeroporto hanno gli stessi germi in comune.»

A tavola ridemmo e scherzammo come sempre, ma c'era una domanda nell'aria che sentivo pungente come il profumo del pesto sulla pasta.

«Ti accompagno a bere il caffè se vuoi.»

Il segnale lo ricevetti forte e chiaro, c'erano domande che esigevano risposte quanto il sottoscritto aveva bisogno di caffeina.

Era uscito il sole e dopo il caffè decidemmo di passeggiare lungo il fiume, la primavera era ancora molto lontana, ma già si intuiva che l'inverno stava ormai cedendo il passo.

«In classe sto discutendo di più di politica, ma i miei compagni sono troppo estremisti!» esordì all'improvviso.

Mi balenò davanti l'estremismo studentesco degli anni del mio liceo, l'occupazione e le assemblee d'istituto tra sciarpe rosse e maglioncini neri che finivano in rissa, in altre parti d'Italia ancor peggio con molotov e barricate.

In che senso estremisti? - chiesi.

«Dicono che è tutto inutile, che tanto non cambia niente e che i politici sono tutti marci.»

Mi fermai sotto una quercia sulla riva, che ostinatamente non voleva perdere tutte le foglie, come se cedere all'autunno fosse un'onta troppo grande per un albero secolare.

Guardando la chioma spoglia di quel gigante quasi nudo, le chiesi cosa vedesse.

«Rami spogli...» rispose incuriosita.

Vedi altro? - insistei.

«Qualche foglia.»

Brava, osserva bene quelle foglie che non vogliono mollare, che non vogliono abbandonare l'albero.

«Magari è l'albero che non le lascia andare», notò.

Sorrisi, cominciava a vedere le cose da punti di vista diversi. Ripresi incoraggiato.

La politica è come quest'albero: notiamo sempre e solo quelli che cedono e fanno danni, che impoveriscono la struttura, dimenticando quelli che resistono fino alla fine. Ignoriamo che la società, l'albero, a volte abbandona i propri figli al vento capriccioso di idee pericolose, senza fare nessuno sforzo per aiutarli. Non scordiamoci però che queste foglie cadendo a terra, contribuiscono a far sì che l'albero si nutra anche quando marciscono, tutto è necessario in natura, anche il marcio, basta che l'humus prodotto nutra giovani rami.

«Pietro mi ha chiesto di fare i nomi di politici onesti, dopo che gli ho riferito quello che ha fatto Bossi mi ha detto che tanto rubano tutti.»

Eccolo, il qualunquista! Visto che appaiono? Comunque va bene, se vuole dei nomi facciamo i nomi.

Lui si professa leghista, giusto? Digli che Maroni finora si è dimostrato tutto di un pezzo, è stato anche un ottimo Ministro dell'Interno in tempi non facili, se continua così rimane una gran bella figura mentre altri fanno solo figuracce.

«A Pietro piace Salvini», aggiunse.

Salvini è molto intelligente, ma lo conosco poco, capisce perfettamente il suo elettorato, parla semplice e chiaro. Spero che anche lui non deluda.

«Chiara mi ha detto che lei è di sinistra, sua mamma è innamorata di Sgarbi però: Sgarbi di che partito è?»

Lo Sgarbi politico si candidò come sindaco di Pesaro per il Partito Comunista, si iscrisse alla Gioventù del Partito Monarchico, divenne consigliere comunale per il Partito Socialista, venne eletto più avanti deputato con i Liberali, finì in Forza Italia, flirtò in seguito con i Radicali di Pannella, passò alla Casa della Libertà, centrodestra, poi all'Unione, centrosinistra con Prodi, fondò il Partito della Rivoluzione e ora ha un suo partito che si chiama Rinascimento Italiano.

Lo dissi tutto di un fiato.

«Un altro nome furbo!» rispose meravigliata.

Già, ma coerente con il personaggio, ama molto quel periodo artistico e di arte ne sa di sicuro, e parecchio!

«E a Chiara cosa dico, che è di sinistra? Chi c'è a sinistra che è onesto?» mi guardava con un misto di apprensione.

Ce n'è eccome, ad esempio Bersani è uno rispettato e ha fama di essere onesto, come lo è Fassino del resto.

Una foglia cadde lenta da un ramo, la presi al volo.

L'importante è che non prendiamo tutto quello che si legge sui giornali o si sente alla televisione come *la* verità.

«Perché?»

Mi appoggiai alla staccionata che proteggeva l'argine, il sole era veramente piacevole, peccato che quella conversazione non prendesse la stessa luce.

Difficile o impossibile trovare un giornale o un canale televisivo che non sia di parte.

«I politici pagano i giornali?»

È un po' più complicato di così. Lo sai come sopravvivono i giornali, da dove arrivano i soldi per pubblicare?

«Dal costo del giornale, gli abbonamenti.»

Purtroppo quella è la minima parte, il grosso arriva dalla pubblicità e lo stesso vale per la televisione.

«Ma scusa papà, cosa c'entrano i politici? Le aziende vogliono farsi pubblicità per vendere più prodotti!»

Vero, ma molte aziende ricevono agevolazioni e finanziamenti, addirittura leggi a favore, dai politici. Il legame *grossa* azienda, intendo veramente grossa, col mondo politico è inscindibile, e succede così in tutto il mondo.

Se un'azienda ha bisogno di sbloccare situazioni sfavorevoli, ad esempio una tassa d'importazione eccessiva imposta da un paese straniero, si rivolge al politico per sbloccare la cosa.

«E al politico cosa ne viene?»

L'azienda, ad esempio, paga al politico le spese della campagna elettorale, contribuisce alle casse del partito e così via.

«Ma è illegale!»

Anzi, è perfettamente legale, ed è regolato da una legge fatta apposta, nata da un referendum di vent'anni fa, per cui i partiti non possono più ricevere alcun contributo pubblico di sorta, però da privati sì. Alla fine del 2014 il finanziamento pubblico, anche come rimborso elettorale, venne eliminato ufficialmente, dando al cittadino la scelta, come già fatto per le confessioni religiose (il famoso otto per mille) e per le associazioni *no profit* (cinque per mille). Il contribuente, cioè il cittadino che paga le tasse, può decidere a quale partito può andare il due per mille della propria imposta, chiamata quota Irpef.

«E se uno non decide?»

Allora va allo Stato, a far parte del bilancio pubblico.

«Quindi un imprenditore o un'azienda può decidere a chi dare quei soldi delle tasse, giusto?»

Giusto.

«Ma chi è che paga gli stipendi di deputati e senatori?»

Mi staccai dalla staccionata, dando una spolverata alla giacca.

Gli stipendi, che nel caso di senatori e deputati si chiamano *indennità*, sono pagati da tutti i contribuenti, attraverso la macchina statale.

«Pietro dice che prendono ventimila euro al mese!»

Ma no! Dì a Pietro che non dica sciocchezze! Basta che vada sul sito del Senato e vedrà che un senatore guadagna al netto delle tasse e dei contributi cinquemila euro al mese. Tieni anche conto che per legge non è possibile per un parlamentare cumulare l'indennità con alcun reddito da lavoro da impiego pubblico oltre a quello ricoperto.

«Però possono lavorare privatamente.»

Sì certo, possono dare consulenze, ma lo devono dichiarare e su quello pagano le tasse come tutti. Quindi se uno è imprenditore, avvocato o libero professionista può continuare a fare anche quel mestiere oltre che il deputato o il senatore, mentre se è docente in università statale, Ufficiale di Polizia o dipendente statale deve mettere *in pausa* quel lavoro finché ricopre quello che si chiama *mandato.*

«Ma i parlamentari hanno sconti? Facilitazioni?»

Solo mentre sono in carica, usufruendo di tessere strettamente personali per i trasferimenti sul territorio nazionale, mediante viaggi aerei, ferroviari o per mare, comprese le autostrade.

Elena mi guardò sorpresa, un signore passò tra noi con un cagnetto inviperito contro il mondo, la rabbia dei piccoli che a volte noi grandi non capiamo. Ci avviammo verso casa.

«Secondo te è un problema se i parlamentari fanno il doppio lavoro?»

Preferirei se si dedicassero solo all'attività per cui sono stati eletti, ma è anche impensabile, dato la natura provvisoria del mandato, che abbandonino una carriera costruita con anni di sacrifici. Il problema è più il conflitto di interessi che si può creare.

«Cosa intendi?» chiese sorridente.

Immagina un parlamentare che fa l'avvocato e deve andare a votare in Parlamento su una legge che direttamente coinvolgerà un suo assistito, come credi che voterà?

Elena sospirò a fondo.

«Voterà secondo coscienza.»

Lo spero anch'io piccola, lo spero proprio.

Mi fece un cenno puntando alla mia spalla, notai una fogliolina che ci si era aggrappata disperata.

Vedi, c'è chi non molla e vuole cambiare destino! - dissi.

La presi e la lanciai in acqua, venne subito trascinata via dalla corrente, girando vorticosamente.

«Bel destino!» esclamò Elena facendo una piroetta.

Non si sa mai, magari aiuterà una formica a galleggiare! Dissi facendo il verso della formica che annaspa.

Ridemmo come due ranette che aspettano la primavera.

6. SUPERMAN

Eravamo passati dal silenzio assoluto dell'ultimo ciak al brusio eccitato di fine giornata. Il regista si stava ancora congratulando con me per la bellissima inquadratura, sottolineando che quel movimento macchina imprevisto era un colpo da maestro, le solite iperbole da set.

«Hai salvato la scena Franz, se non seguivi l'attrice quando si è mossa sarebbe stato un disastro! Hai un istinto fantastico nell'anticipare l'azione!» lo disse con l'enfasi che si vede nei film, dopo che l'eroe ha salvato il mondo.

Mi abbracciò quasi commosso, ancora ebbro dell'emozione della scena appena chiusa. Ricambiai timidamente, non sono mai riuscito ad abituarmi a questi abbracci da *Darling!* come li chiamano gli inglesi. L'attrice si avvicinò per ringraziare, velatamente preoccupata che l'aver improvvisato avesse creato problemi. I miei assistenti in tutto ciò fremevano per smontare la cinepresa e andare a casa.

Spostiamoci più in là, così i ragazzi possono metter via! - dissi alla piccola folla accorsa a salutare.

Finiti i convenevoli di set, recuperai il mio cellulare e lo accesi. Oltre alle tipiche notifiche di ulteriori *followers* su Twitter (ma cosa avrà poi la gente che vuole *seguirmi*?) apparvero diversi messaggi su *WhatsApp*.

Il mio agente chiedeva se ero disponibile per far due chiacchiere per un prossimo lavoro, mio figlio Enrico mi mandava una clip di *CNN* sull'ultima malefatta di Trump e poi Elena che mi chiedeva se potevo chiamarla.

Quando i miei figli mi scrivono è come se li sentissi parlare, riesco ad avvertire il tono nei tasti.

La chiamai subito.

Ciao piccina! - risposi al suo «Babbo!»

Non vi ho detto finora perché mi chiama spesso così alternandolo a *papà* e *daddy*.

L'usanza ebbe inizio mentre stavo girando un film in Toscana ed Elena mi venne a trovare sul set per qualche giorno con fratello e mamma al seguito, visite alquanto rare, dato che la maggior parte del mio lavoro si svolge spesso in località molto distanti, che i più definirebbero paradisi esotici, ma per chi fa cinema sono piuttosto degli incubi logistici.

Fu lei che cominciò a chiamarmi *babbo* con marcato accento toscano, nel sentire le persone del set che le dicevano:

«Ma gli vuoi proprio un gran bene a questo *babbo*, eh *piccina*?» e queste due parole con l'accento così bello della terra di Dante fecero presa su di noi immediatamente.

Piccina, che c'è? - dissi marcando la calata toscana a scopo buffo, sentendo il suo nervosismo.

«Ho avuto una discussione con Pietro oggi in classe, lui mi chiedeva se sei di destra o di sinistra, io gli ho risposto che non sei né di destra né di sinistra, però lui mi ha preso in giro dicendo che tutti siamo o di destra o di sinistra.»

Nonostante il rumore delle persone che smontavano il set, sentii benissimo questo ossessivo destra-sinistra, il mio cervello sballottato come le teste degli spettatori a una partita di tennis.

«Babbo... tu sei di sinistra? Pietro mi ha detto che lui è di destra e che da quello che gli ho riferito che discutiamo, dice che sei di sinistra.»

Beata gioventù! Pensai, mentre davo indicazioni ai ragazzi su come mettere via il mio kit di lavoro, ma facendo in modo che Elena non mi scoprisse, come un mago sul palco mentre parla al pubblico e contemporaneamente aziona il trucco senza che se ne accorga nessuno.

Rispondi a Pietro che non sono uomo di sinistra, perché quelli di sinistra tirano spesso tiri mancini.

Un attimo di silenzio, poi arrivò la sgridata.

«Babbo dai.... seriamente!»

Scusa, volevo solo farti ridere. Digli che mi piaceva la destra ma che ultimamente ha preso una brutta direzione.

Rise divertita ma irritata al tempo stesso.

«Va bene se non vuoi rispondere non importa!» sbuffò.

No dai... sono solo un po' stanco, tra un'ora sono a casa, il tempo di arrivare e ti chiamo, ok?

«Quando puoi... ti passo la mamma che ti vuole salutare.»

Cristina mi confermò che Elena si era molto innervosita per lo scambio col suo compagno in classe, mi chiese di metterla serena come solo un papà sa fare, una di quelle frasi che noi genitori usiamo e che non vogliono dir nulla, ma che scaricano il problema sull'altro.

Arrivai a casa in una sera londinese fredda, ma quel freddo inglese che non si decide, quasi educato.

Gli inglesi, quando li urti per sbaglio per strada, ti chiedono loro scusa, come fanno del resto le loro condizioni meteorologiche, che di logica non hanno nulla, però si scusano per le bizze con bellissimi sorrisi di sole.

Finito di riordinare, chiamai casa in Italia e dopo neanche due squilli rispose proprio Elena.

Che coincidenza! - esclamai sorpreso.

«No babbo, sapevo che eri tu!»

Ecco, questo dovrebbe rasserenare chiunque, soprattutto un genitore, eppure la consapevolezza che attendeva la mia chiamata con così tanta ansia aggiunse un peso ulteriore.

Decisi di usare il tono più rassicurante e caldo al mondo.

Riprendiamo da dove siamo rimasti, avevamo lasciato Pietro al freddo dei suoi pensieri.

«Alle freddure delle tue battute babbo!»

Ridemmo, il *freddo* aveva rotto il ghiaccio.

Una cosa alla volta allora: cosa vuoi sapere?

«Non capisco perché bisogna per forza definirsi di destra o di sinistra. A cosa serve? Le idee sono idee, no?»

Presi tempo.

Sì e no, ed è meglio che facciamo un passo indietro, in modo da arrivare a chiarire perché certi concetti vengono travisati e distorti, in altre parole strumentalizzati a fini diversi da quelli per cui erano stati creati.

«Mi sono persa...» mormorò.

Ci credo piccola, ma la cosiddetta strumentalizzazione delle idee di altri è un gioco che in politica si fa da sempre, non solo in quella italiana. Ci sono stati pensatori le cui idee o pensiero, soprattutto quello filosofico, per niente nato sotto un particolare colore o schieramento, destra o sinistra che fosse, è stato strumentalizzato pesantemente, cioè usato per sostenere o giustificare una posizione a cui addirittura uno era assolutamente contrario. Possiamo proprio dire che è il caso in cui la storia fa il processo sommario alla filosofia.

«Ad esempio?»

Nietzsche: il nichilista per eccellenza e il creatore del mito del superuomo.

«Non lo abbiamo ancora studiato.»

Immagino... e anche studiandolo non so quanto ne capirete, c'è chi lo studia da una vita e ne ha solo scalfito la complessità di pensiero, comunque basta pensare che il filosofo tedesco venne usato dai Nazisti per colmare il loro vuoto ideologico, attingendo a piene mani dalle sue teorie, grazie anche alla sorella, fervente nazista, che trascrisse, manipolò e infine pubblicò le opere del fratello dopo la sua morte.

Nel frattempo sentivo Elena battere i tasti del computer.

«Qui dice che i suoi scritti sono antisemitici e nazisti.»

Il bello di internet, pensai: Franz contro Google.

Nietzsche scriveva in forma poetica, ed era persona molto tormentata; soffriva di emicranie pazzesche fin dall'infanzia. Nella seconda metà della sua vita fu affetto da una malattia psichiatrica con forte depressione, la sua salute ebbe un progressivo declino cognitivo, che sfociò in una profonda demenza con ictus. Esistono prove testimoniali e oggettive che non era affatto nazista, anche ignorando che era forte sostenitore dell'individualismo, esattamente il contrario di ciò che il nazismo proponeva, cioè il sacrificio dell'individuo per il bene comune che è incarnato dal dittatore.

I Nazisti distorsero il famoso concetto di superuomo, in originale *übermensch*, di Nietzsche, che venne manipolato facendo credere che fosse riferito alla razza ariana e al popolo tedesco.

«Superuomo inteso come Superman?» chiese sardonica.

Meglio che non ci addentriamo troppo o facciamo mattino, anche se in fondo non è poi così complicato, nonostante i suoi scritti lo fossero, e proprio per quello sono così controversi. Ci sono in ogni caso due fatti importanti che lo salvano: fu Nietzsche stesso a dichiarare per iscritto in uno dei suoi estremi *Biglietti della Follia*, inviato proprio dall'Italia: *Sto facendo fucilare tutti gli antisemiti*, una provocazione, ma al tempo stesso un presagio di cosa stava per succedere in Europa con Hitler. Secondo, fu ancora Nietzsche che ruppe con il suo amico Wagner, il famoso musicista, proprio perché era stufo dell'antisemitismo di quest'ultimo. Tra le altre cose è da tener presente che due dei migliori amici di Nietzsche erano ebrei.

Elena continuava a battere sui tasti.

«Qui scrivono che in ogni caso è associato al Nazismo.»

E così sarà sempre purtroppo - aggiunsi - ormai il dubbio rimarrà, grazie al danno compiuto dalla sorella.

«Io non farei mai una cosa del genere a mio fratello!»

Ridacchiai, poi con finto accento tedesco: «Enrico potrebbe tranquillamente essere interpretato, a volte non si capisce niente quando scrive!»

«Dai papà!» guai a toccarle il fratello.

Lo sai che scherzo!

«*Not funny*!» disse con un finto broncio, ma forse poi tanto finto non era «Anche ad Enrico la politica non piace: comunque andrà a votare malgrado molti dei suoi amici non lo faranno.»

Lo so, ci sto lavorando - risposi lentamente.

«Per fargliela piacere?»

No, perché capisca che non votare è pericoloso, anche quando non c'è nulla che ti piace o ti convince, non votare è dare il voto a chi non vuoi.

«Non votare è non votare babbo, vuol dire astenersi.»

Certo, ma facendo così, la preferenza potrebbe andare proprio a chi non vuoi. Se ci sono due candidati e dieci elettori, tre votano per uno e quattro votano per l'altro, ma se tre decidono di non votare, chi viene eletto?

«Quello che ha preso quattro voti.»

Esatto, e potrebbe essere proprio quello che ti piace ancor meno di tutti. Votare è importante, anche se a volte devi turarti il naso, come disse qualcuno.

«Potrebbero rendere il voto obbligatorio allora.»

Non si può in Italia, andrebbe contro il nostro fondamentale principio democratico di libertà di espressione scritto nella nostra Costituzione, il famoso articolo 48:

Sono elettori tutti i cittadini, uomini e donne, che hanno raggiunto la maggiore età. Il voto è personale ed eguale, libero e segreto.

«Quindi è libero, non obbligatorio», disse con calma.

Sì, però ricordati che l'articolo 48 continua affermando: *Il suo esercizio è dovere civico.* Quindi votare è dovere, anche se non obbligatorio.

«Esistono paesi che hanno il voto obbligatorio?»

Oh sì, esistono eccome: Australia, Argentina, Brasile, Bolivia, Grecia e molti altri, perfino il Belgio.

«E se non voti che ti fanno?»

Vieni punito.

«Ma questi paesi non hanno anche loro la libertà di espressione come diritto fondamentale?»

Sì, ma costringono la gente a esercitarla, anzi a dir la verità impongono a tutti di presentarsi al seggio, poi quello che uno fa quando è da solo con la scheda davanti è affar suo, il voto è segreto; puoi anche disegnarci su un fiorellino se vuoi.

Rise al pensiero: «Ma ti arrestano se non ti presenti?»

Per quello che ne so raramente in Belgio prendono provvedimenti se decidi di non votare, anche se la legge a riguardo è abbastanza severa. In Australia so che ti danno una multa, ma non molto alta, in Grecia è scritto nella costituzione che devi votare, ma non c'è nessuna legge che stabilisce una pena se non lo fai.

Quello che si dovrebbe fare è rendere il procedimento di voto più semplice ed accessibile a tutti, mantenendo la sicurezza e garanzia necessaria. Poter votare online sarebbe ideale per i giovani, risparmiando milioni di euro in spese elettorali.

«Come il registro dei voti della scuola.»

Anche più sicuro di così spererei! Un'altra misura sarebbe introdurre un'opzione che dia la possibilità di rifiutare tutti i candidati in lizza, un bottone chiamato *nessuno*.

«Stai scherzando? In che senso?»

Chiediti perché molti amici di Enrico non votano? Perché pensano che il loro voto non farà nessuna differenza, che i candidati in lista sono tutti corrotti e non c'è modo di esprimere ciò, quindi con una opzione così uno potrebbe rigettare tutti i candidati e bisognerebbe rifare tutto daccapo.

«Mi piace!»

Penso che una tale proposta getterebbe nel panico il mondo politico, anche se piacerebbe molto a quel nichilista di Nietzsche.

«Perché la politica in Italia è diventata così complicata?»

Non lo è in realtà, ma gli italiani sì, lo sono eccome, diventando sempre più complicati ogni giorno che passa. Dare la colpa alla politica è più semplice che ammettere le proprie mancanze, prima di tutto quella di non informarsi e di credere a tutto quello che viene propinato dai media, senza preoccuparsi di controllare altre fonti, perfino quelle contrarie alle nostre convinzioni.

«Tu guardi anche *FOX News* che molti definiscono faziosa.»

Certo che la guardo, mi interessa sapere come la stessa notizia venga interpretata, o travisata, da voci diverse. Se non sai riconoscere quando qualcuno manipola la verità, accetti per notizie vere anche quelle palesemente false.

«Fake news.»

Esattamente! Inoltre tendiamo a confondere due concetti che sono simili in apparenza ma in realtà lontani tra loro: complesso e complicato. Un meccanismo può essere complesso se fatto di molte parti che svolgono funzioni diverse, ma non necessariamente complicato. Per *complicato* invece intendiamo qualcosa che, per nostra ignoranza, ci appare oscuro quando in realtà siamo noi che non lo capiamo per pigrizia. La Natura ad esempio è complessa ma non complicata.

In politica una situazione è complicata quando due posizioni diverse si rifiutano di trovare un comune accordo, dandosi la colpa l'un con l'altra, ignorando possibili soluzioni solo per una questione di principio o totale stupidità, facendo diventare il problema uno sforzo sovrumano.

«Ci vorrebbe Superman!»

Basta che poi non si metta a leggere Nietzsche scoprendo che il filosofo considerava la persona più vicina al superuomo uno come Goethe, piuttosto che un Ercole! Nietzsche descrive il superuomo come qualcuno che costruisce i propri valori, indipendente, che non segue i trend, anzi li crea. Una persona egoista e un po' narcisa, capace di nuocere ad altri per un bene superiore.

«Come un politico...» sussurrò con tristezza.

Oppure come tutti noi - replicai con un sorriso.

In realtà Nietzsche usò il concetto di superuomo per farci capire dove andremmo ad evolverci e se non amiamo lo scenario che lui dipinge, esiste un'alternativa: lavorare di più ed assieme agli altri per il fine comune più nobile, che è migliorare la vita di tutti, invece che continuare a lamentarci che è tutto complicato e marcio in Italia.

Sbadigliò nascondendolo con un colpetto di tosse.

«È vero babbo, anche Machiavelli lo scrisse proprio nell'ultimo capitolo del *Principe*, esortando a prendere l'iniziativa e combattere, sicuro che il valore degli italiani è tutt'altro che morto.»

Io invece sono morto di sonno! Ora scusa ma vado a nanna che domattina ricominciamo presto. Dovrò alzarmi alle cinque!

«Tanto che problema c'è: tu sei Superman!»

Riusciva sempre a farmi ridere.

Piuttosto sarò Batman, dato che domani dovrò usare dei trucchi per funzionare a pieno ritmo, e non intendo droghe! Buonanotte stellina.

«Goodnight daddy.»

7. SABBIA

Non era stata affatto una buona notte di sonno, già dormo poco, quattro ore per notte di media da sempre, come mia madre del resto, ma quando sono all'estero il peso della distanza dalla mia famiglia è veramente difficile da sostenere e mi tiene ancora più sveglio. Di solito mi metto a scrivere il prossimo libro, ma questa volta di libri ne avevo iniziati addirittura tre, ed erano lasciati lì, poche pagine scritte, e poi il foglio rimaneva ostinatamente bianco, pallido d'insonnia.

Ancora due giorni continuavo a ripetermi, e poi volo a casa.

Fuori c'erano più di quaranta gradi e la sabbia gialla copriva tutte le vetrate della finestra della mia camera d'albergo, nonostante fossi al settimo piano. L'effetto era quello di un perenne tramonto, un oro tendente al rosso che se invece uscivi temerario in strada trovavi un giallo intenso, come l'acciaio prima di fondersi arancione. Visitai la palestra, deserta come il pianoro brullo che circonda tutta Abu Dhabi.

Le macchine con pesi e cavi praticamente nuove, cromate cattedrali in un deserto di parquet.

Le guardai come nei film guardano un Terminator morto, un ammasso di acciaio che può riprender vita da un momento all'altro, ma nel mio caso restarono ferme.

Non riuscivo a riprendermi da una settimana a girare scena dopo scena nel deserto, sabbia e caldo entravano in tutti i pori.

In un angolo, sopra una panca, scorsi il Corriere della Sera, abbandonato probabilmente da clienti italiani, forse proprio quelli incontrati poco prima in ascensore, l'aria importante di chi fa affari con gli sceicchi, turbati dalla mia presenza in pantaloncini e maglietta, le mie scarpe da ginnastica di un intenso azzurro nazionale ai piedi.

Sfogliai pigramente le *solite notizie*, come direbbero gli italiani, imbattendomi però in una vignetta di Giannelli con disegnati due signori, dove uno dice: *I Grillini hanno deciso: un indagato può essere candidato premier.* A cui l'altro signore replica: *Finalmente cominciano a far politica.*

Sorrisi tra me, ripiegando il giornale.

Mentre tornavo in stanza pensavo che quello senz'altro era un ottimo modo per spiegare a mia figlia come si può capire la politica con pochi sguardi, dato che il genio degli umoristi della matita sa beffardamente cogliere cosa veramente si cela dietro tanti discorsi incomprensibili: il fumetto che svela il fumoso.

Squillò il cellulare con il trillo di WhatsApp, benedetta applicazione che tiene uniti affetti e amicizie, almeno nel mio caso.

Immaginai che Elena avesse ancora una volta letto il mio pensiero, succede spesso che mi viene in mente e lei mi scrive o viceversa: affinità elettive.

Invece era mio figlio Enrico: «Papà ci sentiamo?»

Lo chiamai, pensando fosse per l'abituale consulenza informatica di cui ogni tanto aveva bisogno: tutto sua mamma!

Ciao *Henry*, aspetta a fare ancora l'aggiornamento del computer, meglio che...

Mi interruppe: «No papà, mica ti chiamo solo per quello, volevo sapere come stavi!»

Si mangia sabbia e non si beve vino! - risposi con l'emozione di chi si scioglie al solo sentire la voce dei *pezzi 'e core* come dicono a Napoli.

Rise di gusto: «Tanto tu non bevi papà!»

E tu come va? Università tutto bene?

«Sì sì, tutto ok, oggi ho passato la giornata al pronto soccorso, molto interessante, la nostra *tutor* è eccezionale.»

Enrico fa il terzo anno di Medicina, bello, alto e intelligente, me lo immagino sempre che passeggia per l'ospedale con le infermiere che sussurrano rapite mentre passa. Quando erano piccoli e mi chiedevano che mestiere avrei voluto fare, se non avessi fatto cinema o lo scrittore, rispondevo: il chirurgo.

Perché il chirurgo? Per salvare vite umane? Insistevano.

Anche! - rispondevo - ma soprattutto per togliermi la mascherina e fissare negli occhi l'infermiera accanto a me e dire in stile George Clooney «Si salverà!» per poi vederla sospirare «Oh, dottore!» con occhi pieni di ammirazione.

E tutti a ridere come studenti al cambio d'ora, con Cristina che mi rimproverava bonaria.

Enrico mi raccontò delle ultime vicende universitarie, pieno di entusiasmo, facendomi partecipe delle sue giornate con la passione dei vent'anni, ancora non grattugiata dalla vita.

Arrivò poi al vero motivo della telefonata.

«Hai sentito Elena?»

Il tono tradiva qualcosa, la sua voce baritonale vibrava.

Non ancora - risposi - pensavo di chiamarla proprio ora. Perché me lo chiedi? C'è qualcosa che non va?

«No... no...» mentì spudoratamente.

Dimmi Enrico! Stai mentendo con il fiato di mentina.

Mi arrivò un sospiro lungo come te lo fanno fare dal dottore per auscultarti i polmoni.

«L'ho sentita prima ed era un po' nervosa, vuole parlarti ma non ti trova mai *online*.»

Mi spiace, ero in mezzo al deserto tutta la settimana, non c'era campo. Ora la chiamo.

«Papà...»

Dimmi Henry.

«Non è un po' presto per Elena per parlarle di politica?»

Non bastava la madre, ora anche il fratello entrava in protezione. Mi sedei sul letto.

Ha quasi diciotto anni Enrico, ricordati che il prossimo anno va a votare!

«Sì lo so, ma non è un bel mondo.»

Quello della politica è un mondo come tanti e parlarne serve proprio a darle più sicurezza, per saperne di più e non farsi influenzare, neppure da me.

«Tu non hai mai discusso di politica con noi.»

Non è vero, magari non esplicitamente, ma abbiamo sempre discusso le notizie del giorno fin da quando eravate piccoli, e ultimamente parliamo spessissimo di Trump e la sua armata Brancaleone.

«La sua cosa?»

Non importa, hai capito.

«Sì sì, ma è diverso, quella è politica americana, in ogni caso Trump è Trump.»

La politica è politica, anche quando è uno show come quello di Trump. Dietro alle sparate del presidente americano ci sono reali e serie fenomenologie che accadono anche nel nostro paese, cambia la lingua e le dimensioni del PIL, ma i problemi sono gli stessi.

«Non so papà, non ne sarei così sicuro.»

Ti ricordi quando tempo fa discutemmo su come le dinamiche sociali dell'America di Trump, nonostante apparentemente diverse da quelle italiane, in realtà trovino riscontro anche da noi? Come il populismo sia una tecnica di controllo efficace trasversale in questi tempi dove la gente si spaventa tanto e viene costantemente tenuta in uno stato di rinnovata paura?

«Sì, ricordo.»

Oppure la paura della crisi economica, degli immigrati che violentano, rubano e portano via posti di lavoro, la ripetuta minaccia che gli avversari politici ti tolgano i diritti fondamentali, quali proprietà, sicurezza e addirittura la famiglia?

«Lo stesso sta accadendo in Germania, Grecia e molti altri paesi ancora», aggiunse Enrico con sospiro leggero.

Vedi Henry, stessi problemi, quindi non farti ingannare da quello che si vede dall'esterno, il problema all'interno è globale, cambia solo la scala di grandezze. Quando ci sono tendenze totalitarie repressive, che tolgono la libertà di parola, il diritto allo studio e portano a discriminazioni in base al sesso o al colore della pelle, capisci che bisogna discuterne.

«Ma secondo te va bene discutere di queste cose con Elena?» insistette con rispetto.

Se lei vuole saperne di più, perché no?

«Come le spiegheresti tutti questi populisti arrabbiati?»

Cambiai posizione sul letto, prendendo tempo, e non contento sorseggiai dell'acqua dalla bottiglietta sopra il minibar.

È più utile spiegare il fenomeno piuttosto che chi lo cavalca, quindi partirei da un'analisi semplice da ricordare. Il populismo ha fondamento su una strategia comune a tutti: si crea la percezione e si diffonde un problema, possibilmente qualcosa che tocca ognuno in modo personale e vicino, come i furti in casa. Subito dopo bisogna far sentire l'urgenza di tale calamità, continuando ad amplificarne la distribuzione ad ogni occasione, spesso distorcendo statistiche o trovando casi eclatanti, meglio ancora se truculenti. Fatto questo si offre una soluzione semplice, però non può essere un *fai da te*, ma deve essere qualcosa che solo io, il candidato da eleggere, può risolvere, dando enfasi che serve proprio la mia qualità di leader, a differenza di altri che non hanno le capacità o il coraggio di farlo. Quindi offro un leader forte con soluzione pronta. Una volta che si è estinta la minaccia, o perché non se ne parla più sui media o perché si contrae naturalmente, bisogna trovarne subito una nuova con le stesse caratteristiche, meglio anzi se ancor più terrificante. Il cittadino, il popolo, viene controllato esasperando e sfruttandone le paure.

Sorseggiai altra acqua per togliere la sabbia rimasta in gola.

«Allora il vero governo del popolo non è possibile, dato che non ci si può *fidare* del popolo, facile presa di chiunque sbandieri uno spauracchio», disse Enrico mentre deglutivo.

Esatto! - risposi - Infatti storicamente nessuno è mai riuscito a creare un governo che sia veramente basato su un'azione diretta del popolo, dato che il pericolo che la demagogia prenda piede e diventi un governo di esecuzioni sommarie è ben reale. In politica si tende a fare quello che vedi spesso nei vecchi film western, uno in svantaggio lancia sabbia negli occhi dell'altro per poi afferrare la pistola e sparare.

Una piccola risata, che da Enrico suonava sempre profonda.

«E tu papà di sabbia al momento sei un esperto!»

Bravo Henry, fai queste battute sul tuo povero vecchio tuareg.

Rise ancora: «Dai papà, sai che scherzo!»

Decisi fosse ora di rasserenarlo del tutto.

Comunque dimmi pure se tua sorella si è lamentata che sono troppo tecnico nelle spiegazioni, o troppo duro.

«No no, anzi, mi sembrava entusiasta.»

E tu? Che dici? Che ne pensi della politica?

«Lo sai come la penso, non mi piace nessuno al momento.»

Togliti la sabbia dagli occhi e guarda meglio.

«In che senso?»

Diciamoci la verità, non so quanto chi ha il potere voglia che i giovani votino, quindi il fatto che siano avversi alla politica fa comodo a molti, dato che sono proprio i giovani la vera forza votante, se solo scendeste in campo, o entraste in cabina a votare!

Silenzio, tipico segnale che la mia frase aveva colto il segno.

Lo lasciai rimuginare e continuai a parlare dopo un altro sorso d'acqua.

Vedi Enrico, a volte in politica si denuncia un problema che in realtà è un vantaggio.

«Che senso ha fare una cosa del genere?»

È una vecchia tecnica: se sono prima io ad appropriarmene, offrendo anche una soluzione, fattibile o no che sia non importa, quel problema che magari io stesso ho creato in realtà lo faccio percepire come quello del mio avversario.

«Ancora non ne capisco lo scopo.»

A volte lo creo proprio per poi addossarlo al mio avversario e poi propormi come il salvatore della situazione.

Avvertii il suo stupore.

«Un meccanismo perverso: la politica fa schifo», sillabò.

Queste tecniche sono prestate alla politica, ma in realtà sono vecchi trucchi usati in pubblicità e nel marketing, per non parlare di altre discipline. Ti porto un esempio non politico: secondo te un detersivo per il bianco o per i colori che cosa pubblicizza? Su cosa vuol far leva?

«Ovvio: che ti dà camicie e lenzuola più bianche, magliette che non scolorano più.»

Sei sicuro? Niente di più?

«Mettiamoci anche le mutande!» aggiunse con una risata.

Mettiamocele pure, ma in realtà la pubblicità, non solo quella dei detersivi, fa leva su una cosa fondamentale: il senso di colpa. Che donna sei che lascia andare tuo marito in ufficio con una camicia così? Come pensi di sostenere il giudizio delle tue amiche mentre indossi una maglietta sbiadita? Tu hai giustamente detto *che non scolorano più*: infatti prima scoloravano e tu eri un incapace, ma io con la mia nuova formula salvo i tuoi colori e la tua rispettabilità. Questa tecnica è usata non solo per i detersivi, ma anche per le auto: il tuo vicino ne ha una migliore della tua, oppure meglio se guidi questo modello così sarai l'invidia di tutti e le donne ti guarderanno. Questo gioco diventa ancora più sofisticato quando ti fanno vedere famosi attori, sportivi o gente che tutti ammirano socialmente, come modelli da seguire e imitare, altrimenti non *sei abbastanza*. Come esseri umani abbiamo costante bisogno di gratificazione, guarda l'importanza che la maggior parte delle persone, soprattutto giovani, mette nel ricevere *mi piace* sui social media.

«A proposito di ciò papà, bella la foto col turbante che hai postato su Instagram! Hai ricevuto tantissimi *likes*!»

Ridemmo assieme; aveva il tempismo perfetto dell'umorismo asciutto degli inglesi.

Vedi Enrico, la politica imita la pubblicità: finge di darti una soluzione ad un problema che in realtà lei stessa ti ha creato facendo leva sul tuo senso di colpa.

Raramente sentirai un politico che dice che le cose vanno bene, sempreché non sia lui al governo.

Mio figlio colse la palla al balzo: «Trump è al governo del paese più potente al mondo, però continua a dire che le cose non vanno bene e piace proprio perché non si comporta o parla come tutti i politici».

Trump - ribadii senza scompormi - è il politico elementare nudo e crudo, senza filtri, che spiattella il suo pensiero così com'è, ma il suo è il parlare delle emozioni, di chi è un istintivo.

I suoi commenti impulsivi possono e hanno avuto conseguenze serie, con persone che hanno perso il posto di lavoro, sono state attaccate con violenza o addirittura sono morte, come quando ha annunciato di riconoscere Gerusalemme come la capitale d'Israele.

«Ma lo era già di fatto *daddy*!»

Proprio per quello è stato un gesto cinico e irresponsabile, lo ha fatto solo per poter dire alla sua base *mantengo le mie promesse*, dato che finora non ne ha mantenuta neanche una.

«Vediamo cosa succede con il muro!» ridacchiò mio figlio.

Già il muro: bell'esempio di demagogia costruita. Tutti gli esperti di immigrazione sono d'accordo che il muro lungo il confine non serve a nulla. Esistono dati ufficiali del governo USA che mostrano che l'immigrazione clandestina è per la maggior parte causata da chi sta oltre il termine del proprio visto, non da chi passa a piedi il confine, che son ben pochi. Il muro non serve a calmare l'afflusso di immigrati percepiti erroneamente come criminali, correlazione non vera e smentita da statistiche serie, ma serve a tranquillizzare la base elettorale fedele a Trump.

«Non ne sono del tutto convinto papà.»

Allora vediamolo in modo ancora più semplice e immediato.

Il problema dell'immigrazione dal Messico non è un vero problema, tutti gli economisti seri, tutti senza eccezioni, hanno affermato pubblicamente che gli immigranti, compresi quelli illegali, non solo sono di beneficio all'economia, ma non costano un misero centesimo a nessuno, soprattutto al Governo. Quindi il problema non esiste, ma Trump lo ha fatto diventare un problema spingendolo con la sua base come un grido di guerra, dando alla folla assetata di sangue qualcosa di fisico, un simbolo concreto del malessere percepito, soprattutto a quella parte della popolazione largamente ignorante, che non vuole lavorare e afferma che lo stato deve sostenerli economicamente solo perché sono cittadini americani. Costoro non riescono a mantenere un lavoro per pura pigrizia, o non sono disposti a fare lavori umili, anche ben pagati, per motivi di stigma sociale: fare il netturbino o lavorare come cameriere viene considerato da tali persone come un lavoro non all'altezza del loro esser bianchi a *stelle e strisce*.

«Non è un bell'atteggiamento», concordò.

Assolutamente no: le ragioni sono nell'educazione, o mancanza di, che hanno ricevuto e il tessuto sociale in cui vivono, cioè i loro amici e parenti, che perpetuano falsi miti e trovano scuse continue per giustificare il loro stato di insufficienza economica. Il muro è diventato alibi perfetto alla propria ignoranza e pigrizia, la combinazione peggiore in un essere umano. L'astuzia politica di Trump e di altri, ora e in momenti storici diversi, ha creato un falso pericolo, percepito come vero da gente ignorante, e lo ha legittimato, unificando sotto un'unica crociata chi non ha la coscienza di fare autocritica, attribuendo a *illegal aliens* problemi creati dalla propria incapacità.

Trump è in ogni caso un politico, perché invece che fornire argomenti logici basati su dati reali in risposta a difficoltà o contrasti sociali veri, racconta solo storielle.

La maggioranza non ama la logica, ma adora le storielle.

La gola mi si seccò del tutto, cercai un'altra bottiglia d'acqua.

«Succede anche in Italia con gli immigrati», sospirò Enrico sconcertato, approfittando della mia pausa.

Purtroppo sì - risposi sorseggiando - questo però non vuol dire che in Italia non ci sia un problema di immigrazione, si usa però il timore degli immigrati come la paura del *babau*, dell'uomo nero che ti porta via i bambini.

«D'accordo papà, in ogni caso devi ammettere anche tu che l'immigrazione è un problema serio!»

Serio senza dubbio, però non lo si risolve con dichiarazioni infiammatorie, ma ascoltando chi lavora sul campo e se ne occupa tutti i giorni, direttamente, come le forze dell'ordine, medici e sanitari, operatori sociali e così via. È un problema che va affrontato nei paesi dove questa diaspora si forma, aiutando i governi locali a contenerlo, offrendo collaborazione.

«Ma in alcuni paesi c'è la guerra!» esclamò.

Allora non si tratta di immigrati per ragioni economiche, si tratta di *rifugiati*, e quelli vanno aiutati ad ogni costo, fin quando possono tornare al paese di origine, se possibile.

«Elena mi ha chiesto se sei di destra o di sinistra.»

Una gran risata fu la mia istantanea risposta.

Destra e sinistra non hanno più nessun significato Henry, credo che ci stiamo impantanando su una terminologia arcaica, oramai da seppellire definitivamente. Alla gente piacciono le etichette, che spesso però diventano tatuaggi deformati dall'età.

«Dai papà, che schifo, lo sai che dermatologia non mi piace!»

Risi con lui e lo salutai, sentivo sotto la nostra chiamata avvisi di altri messaggi e pensavo fosse Elena che mi cercava.

Si trattava invece dell'assistente di produzione per dirmi che il regista mi aspettava al ristorante, a destra appena usciti dall'hotel. Chiesi conferma fosse proprio a destra, giusto per esser sicuro che non confondesse una direzione con l'altra, con la sabbia negli occhi può succedere.

8. PULPITO

La giornata di domenica in Italia l'ho sempre associata con campane e Santa Messa e ultimamente è anche un'occasione per incontrare all'uscita di chiesa ex compagni di scuola e amici persi di vista dopo trent'anni vissuti all'estero.

Questa domenica non era diversa dalle altre, l'unica differenza era l'omelia: il sacerdote che celebrava di solito faceva anche delle belle prediche, questa volta però, sarà stato anche per il pessimo gracchiare delle casse acustiche, non riuscivo proprio a seguirlo.

Un prete normalmente prepara il sermone seguendo i dettami dell'omiletica, che richiede una forma semplice, dialogata, prendendo il testo biblico appena letto nel Vangelo come spunto per parlare dei problemi d'oggi, esaminando i temi in esso riportati.

In politica molti dovrebbero fare lo stesso, esaminare il tema del giorno ed elaborare su quello, invece che spingere continuamente offerte scadenti come un pescivendolo disonesto al mercato. Se chiedo una sogliola non mi rifilare una limanda a tutti i costi, che sembra una sogliola ma al gusto si rivela per quello che è, un pesce poco pregiato al palato.

E a proposito di pani e pesci, questo sermone non solo non aveva nessun sapore, ma era anche povero di contenuti.

Mancava poi di una cosa fondamentale come il sale: le pause.

Il celebrante sembrava fosse quasi di corsa, infilando più concetti in minor tempo possibile, costringendo i presenti ad acrobazie cerebrali per decifrarne il senso, oltre che le parole, dato il suono distorto.

«Shhh!»

La signora in pelliccia mi fissò severamente, il dito sulla bocca impiastricciata in un tentativo di restauro mal eseguito. Sorrisi impacciato e alzai la mano in segno di scuse. Il marito accanto a lei scosse la testa, gesto ambiguo perché non capii se era disapprovazione verso di me o verso la moglie poliziotto di navata.

«Stai parlando da solo», proferì sottovoce Cristina trattenendo un sorriso più ampio.

Sorry! - risposi ridacchiando.

Il sacerdote fece l'unica pausa nel suo predicare dal pulpito, lo sguardo severo rivolto a me, come se gli Inferi stessero per aprirsi sotto i miei piedi.

Elena mi si strinse accanto, con la tenerezza protettiva tipica verso il familiare in difficoltà, forte di chi non permetterà che suo padre sprofondi.

Il monsignore riprese l'omelia, gesticolando un po' di più, quasi ad ammonire i presenti di castighi indicibili se qualcuno avesse osato nuovamente far volare una mosca, come se le mosche potessero volare all'interno di quella chiesa fredda più di una ghiacciaia.

«Ti offro il caffè babbo!» disse Elena con enfasi, prendendomi sottobraccio all'uscita del Duomo.

Lasciammo Cristina sotto casa e ci avviammo al mio bar preferito che, per me, tipico emigrato tornato in patria da oltremanica, faceva il caffè migliore al mondo.

«Papà posso farti una domanda?» accennò camminando.

Va bene, basta che non sia troppo difficile: prima del caffè le risposte sono in astinenza.

Mentre sorseggiavo la mia unica droga diedi una scorsa rapida al Gazzettino, giornale diffusissimo in Veneto.

«Tu leggi il giornale di solito?» mi chiese.

Era quella la domanda?

«No, era un'altra», rispose compita.

E tu lo leggi il giornale ogni tanto? - chiesi coraggiosamente a mia figlia, cercando di distrarla dal porre un'ulteriore domanda più difficile di questa che già mi metteva in crisi.

Pensai che forse il caffè avrei dovuto prenderlo doppio.

«*Daddy*, a malapena ho tempo per studiare la montagna di compiti che ci danno per il pomeriggio!»

Ma avendo tempo lo leggeresti? - chiesi spostando il quotidiano verso di lei, come si passano le carte a poker.

Elena gli dette una fuggevole occhiata.

«Non ci capisco granché, soprattutto le pagine di politica. Troppi nomi e riferimenti strani.»

Guardai il giornale con occhio da teenager, effettivamente non era scritto con i giovani in mente.

Ma qualcuno dei tuoi compagni lo legge il quotidiano?

Rise come fa la mamma con il bimbo che chiede perché la luna non cade sulla terra, respingendo allo stesso tempo con gesto studiato il giornale verso di me.

«I miei compagni maschi leggono quello rosa che parla di calcio, noi femmine preferiamo *YouTube*.»

La vecchia Gazzetta resisteva ancora pensai, l'unica che parla il linguaggio giovane, tra un *dribbling* e un *assist*.

Eppure per capire di politica bisognerebbe anche leggere i quotidiani! - esclamai convinto.

«Ma io ho te babbo, non mi servono i giornali!» disse con sorriso adorabilmente ruffiano.

Eh brava te, mi freghi sempre con quel faccino!

Le scompigliai i capelli; reagì come se avessi preso una

pantera per la coda e ritirai la mano appena in tempo, la sua zampata era dolcemente feroce.

Ridemmo come sempre, trascinando mezzo bar nella nostra allegria.

Nel tornare a casa pensai a quanti dei nostri politici sorridessero mentre parlavano, ma non me ne venne in mente nessuno. Nel passare davanti alla chiesa incontrammo il prete che aveva celebrato messa che usciva frettoloso, nero come l'asfalto.

Accennai un sorriso che venne platealmente ignorato.

«Babbo, tu mi hai detto che non ha più senso parlare di destra o di sinistra, ma allora perché se ne discute ancora?»

Non le avevo detto nulla, chiaramente aveva parlato della cosa con Enrico, e mi faceva piacere fosse così. Presi fiato.

Si parla di sinistra come di una acida zia passata a miglior vita: in pochi la sopportavano ma nessuno ne vuol parlar male; zia che in ogni caso lascia orfani dei figli.

«E la destra?»

È rimasta orfana anche quella: una volta c'erano personaggi come Almirante, capo del MSI, persona rispettata da tutti gli schieramenti, che poco prima di lasciare il partito disse a un noto giornalista: «Ma lei pensa davvero che io continui a fare politica per guidare un partito destinato comunque a morire perché una generazione va al cimitero e un'altra in galera?»

Questo ti dice come allora, erano gli anni '80, la Destra fosse già in difficoltà - Elena era ammutolita - tieni conto che la Destra dell'epoca viveva ancorata al passato, nostalgicamente restìa a innovarsi, e proprio questa nostalgia imposta e forzata è anche la condanna stessa di un'ideologia: vivendo nel passato ci si dimentica del presente e a volte questo ti si ritorce contro.

Questo pensiero la illuminò di colpo.

«Quindi la nostalgia come arma politica non funziona, nessuno la usa più!» disse con tono per tranquillizzarsi.

Magari! - risposi - la nostalgia parte dal presupposto che in passato si stava meglio, ma questo era vero per pochi, mentre per i più non era così. L'arma nostalgica viene usata ancora, non in modo così eclatante, ma molto più subdolo. Trump ha coniato lo slogan perfetto a servire il suo populismo: *Make America great again*, rendere l'America di nuovo grande. Chiaramente è un urlo nostalgico, uno sguardo al passato, che fece gran presa su quegli americani ignoranti che vedono *gli anni che furono* come un mondo ideale quando, a detta loro, l'America era l'*America*, quella vera, originale e Made in USA. Ironico dato che Trump ha fatto la sua fortuna con il Made in China, dall'acciaio alle cravatte... da che pulpito!

«Però è bravo ad attirare l'attenzione: tu ed Enrico non vi perdete una sola notizia che lo riguarda!» disse ridendo.

Vero - sospirai - è proprio come un bambino capriccioso al ristorante: non puoi non notarlo. Comunque l'irresistibile *trash* che produce è di gran comicità, se non fosse che le sue decisioni hanno conseguenze serie. In ogni caso rimane un grande comunicatore, d'istinto però.

«Non come il prete di oggi in chiesa!» ridacchiò sorniona.

Povero, faceva del suo meglio! - aggiunsi sarcasticamente.

«Ma i preti sono di destra o di sinistra? Possono votare? Possono fare politica?»

Libera Chiesa in libero Stato lo hai mai sentito dire?

Scosse la testa in chiaro diniego.

Fu una frase coniata da un politico francese mi sembra, ripresa da Cavour la prima volta che parlò al Parlamento, ti ricordi no? Regno d'Italia... Roma capitale?

«Sì sì...», rispose in modo automatico.

Secondo Cavour il Papa doveva dedicarsi unicamente al potere spirituale, lasciando il potere temporale allo Stato, pena una cattiva convivenza. La Costituzione sancisce questa divisone come principio *supremo* che non può essere cambiato in nessun modo. L'articolo 7 dice che *Lo Stato e la Chiesa cattolica sono, ciascuno nel proprio ordine, indipendenti e sovrani.* Quindi separati.

«E quindi la Chiesa non interviene in politica?»

Passarono in quel mentre due suore, una stava maledicendo una macchina che per poco non la metteva sotto.

Tutt'altro purtroppo - continuai - la Chiesa s'impiccia pericolosamente di politica, senza tanto pudore.

«Ad esempio?»

Ad esempio dichiarando come i parlamentari dovrebbero votare, oppure chiedendo ai cittadini di astenersi dal voto, come fece nel referendum del 2005 sulla legge 40, quella sulla procreazione artificiale. Con abile mossa politica il Cardinale Ruini non disse *votate contro*, anche perché ogni volta che il clero aveva suggerito di votare *no* la Chiesa aveva sempre perso, come sul referendum sul divorzio e poi quello sull'aborto, invece quella volta usò una frase da vero grande comunicatore: *Sulla vita non si vota!* che andava interpretato come *astenetevi!*

«Perché fu una mossa da politico sagace?»

Te le ricordi le parole chiave della politica allora! - esclamai abbracciandola contento - *sagace* proprio: sapeva che un quarto degli italiani normalmente non vota, quindi gli bastava che un'altra fetta uguale non votasse, cosa del resto facilitata dal caldo infernale che c'era a giugno, la data in cui si andava a votare. La chiesa puntò tutto sull'aspetto umano per convincere a votare *no* o far fallire il referendum per mancanza di voti, e chi invece sosteneva il *sì* fece il grosso errore di proporsi come esperto di inseminazione artificiale, riducendo un dubbio emotivo personale di molti, a semplici cellule e provette.

«Tutti scienziati!»

Esatto, grave errore: a ognuno le sue competenze, ricordatelo sempre. Purtroppo questo è un vizio molto italiano, ci crediamo tutti dei Leonardo Da Vinci.

«Enrico dice che siamo un paese di allenatori della nazionale!»

Verissimo! - risposi ridendo con lei.

«Quindi la Chiesa *fa* politica.»

Il clero è fatto di esseri umani e l'uomo è animale politico, che sia di Chiesa o altro, indipendentemente da cosa indossa.

«Ma secondo te è importante l'apparenza quando si parla in pubblico?» chiese all'improvviso.

Mi fermai di colpo, salendo su un gradino, assumendo la posa del prete sul pulpito che ammoniva i fedeli, soprattutto me.

L'abito fa il monaco anche in chiesa! - ribadii gesticolando.

«Papà, sii serio, te lo chiedo veramente!»

Mi ricomposi.

Sì, è molto importante: se osservi i politici si vestono in relazione al loro elettorato o al pubblico del momento: meglio togliersi giacca e cravatta e tirare su le maniche della camicia se vuoi le simpatie degli operai in fabbrica.

Comunque, chi in giacca e cravatta, chi in perenne camicia o polo, stanno tutti attenti a come appaiono. Anche i colori hanno importanza, non così tanto come in Inghilterra, dove i laburisti sono spesso in cravatta rossa, i conservatori blu.

Perfino la Thatcher metteva il suo classico tailleur di un impossibile blu. In America, rossi come la cravatta di Trump i repubblicani e blu come i pezzi unici di Hillary Clinton i democratici. Da noi la Lega usa il *verde Padania* e ai miei tempi i professori comunisti entravano in classe con la sciarpa rossa. In politica tutto è importante, non solo quello che dici, ma anche *come* e *quando*. A volte è strategico anche *da dove* viene detto: una dichiarazione fatta al volo salendo in macchina è più facile da ritrattare più tardi, affermando che è stata riportata male o fuori contesto, a differenza di cose dette in una conferenza stampa in sede ufficiale. I politici spesso parlano anche attraverso i giornali in via indiretta, facendo trapelare notizie come indiscrezioni da scoop involontario quando in realtà lo hanno voluto loro.

«A che pro?» chiese stupita.

Facciamo un esempio. Io sono costretto a fare un patto con te, e pubblicamente non posso rifiutarmi, ma privatamente non voglio farlo, quindi la situazione ideale sarebbe che tu rifiutassi o cambiassi idea. Un vecchio trucco è far trapelare ad un giornalista che io sarò con il tuo peggior nemico a tramare contro di te nel tal ristorante in un determinato momento. Il giornalista va sul posto e mi fotografa in compagnia del tuo avversario, non immaginando che io sono solo passato di lì giusto per salutare.

La foto viene pubblicata con articolo al seguito dicendo che sto tramando contro di te, tu cambi idea perché non ti fidi più e io sono a posto.

«Però poi sei incastrato con l'altro, il mio nemico», ribadì.

No, perché nel frattempo io avevo organizzato un *vero* incontro con un tuo amico nello stesso ristorante e lui stesso testimonierà che io ho avuto un meeting solo con lui e l'altro l'ho solo salutato di passaggio.

«Diabolico!»

Questo è niente, di notizie poi smentite ne è piena la storia della politica, ed è una vera arte, un teatrino dell'inganno che viene fatto in tutto il mondo, con livelli di sofisticatezza più o meno alti, con scale di grandezza diverse. Ad esempio, se io e te siamo testa a testa nei sondaggi cerco un candidato che può rubarti voti e lo spingo, facendogli credere che sarà lui a vincere, in realtà porta solo via voti a te, così vinco io.

«Le pensano proprio tutte», mormorò mentre salimmo in casa, la luce gialla invernale creava un Caravaggio nell'androne del vecchio palazzo.

Per uno che vuole a tutti i costi vincere ci sono due strade: dare il massimo ed essere il migliore oppure far apparire l'avversario come il peggiore, e indovina qual è più facile?

«Sì, ma è anti sportivo!»

È anche anti democratico se ci pensi! - risposi al volo.

In politica ci fu un famoso esempio negli anni '50, un tizio di nome Dick Tuck, maestro di questi giochi sporchi. Ce l'aveva particolarmente contro Richard Nixon che in quegli anni era candidato alla presidenza USA. Dick, già quando era studente fu incaricato, per sbaglio, di organizzare un intervento di Nixon all'università, ma dato che sosteneva un avversario, prenotò un auditorium da quattromila posti facendo in modo però che solo una quarantina di studenti si presentassero. Quando Nixon arrivò lo introdusse dopo un lunghissimo discorso, ricordandone casualmente gli insuccessi; poi annunciò che Nixon avrebbe parlato del Fondo Monetario Internazionale, su cui sapeva che non era affatto preparato.

«Geniale!»

Sempre contro Nixon fece anche di peggio, addirittura cose di grande ilarità. Scoprì che davanti a dove Nixon avrebbe fatto un discorso elettorale passavano i camion della spazzatura di ritorno dalla raccolta; comprò subito gli spazi pubblicitari su ogni camion facendoci scrivere: *Nixon è spazzatura.*

Elena rise di gusto. Ci sedemmo in cucina.

La politica non è poi così diversa dal marketing o dalla pubblicità, dato che ambedue basano il proprio successo, la propria efficacia, su una cosa in particolare: l'apparenza, o meglio la percezione del nome.

Gli elettori, coloro che *spendono* il proprio voto, sono come i consumatori quando diventano clienti, cioè chi al momento dell'acquisto di un bene o servizio, viene persuaso che quel prodotto, in questo caso il candidato, sia quello che serve. Quindi tale prodotto o è presentato come qualcosa di cui non si può fare a meno, oppure negativamente come qualcosa non all'altezza, o addirittura come un gran danno.

«Tu sai queste cose perché hai lavorato in pubblicità», disse con un pizzico di malizia.

Sorrisi nervosamente.

Purtroppo ne ho viste di cose, ma non credere che il mondo del cinema o del giornalismo sia tanto diverso sai.

«In che senso, succede anche nel cinema?»

Mi aggiustai gli occhiali, questo mi metteva estremamente a disagio, ma come vi ho annunciato all'inizio non abbiamo mai mentito ai nostri figli.

Anche nel cinema vengono usate tecniche per togliere il tuo avversario dalla circolazione.

«È successo anche a te?»

Lo chiese sgranando gli occhi verdi con spontaneo stupore.

Purtroppo sì, uno dei primi agenti che mi rappresentò mi prese con sé promettendomi mari e monti. Passarono dei mesi e lavoravo sempre meno, e lo trovavo strano perché fino a quel momento ero stato estremamente richiesto.

Un amico mi suggerì di far chiamare e chiedere la mia disponibilità per un lavoro, e così feci. Ne uscì che la mia agente rispondeva a chi mi voleva per un lavoro, che non ero disponibile, offrendo però un altro altrettanto bravo, anzi un po' meglio a detta sua, che guarda caso era il suo fidanzato, di cui io ero il più pericoloso concorrente.

«E tu cosa hai fatto?»

Un sorriso amaro mi passò sul viso.

Cercai un altro agente.

Mi abbracciò: «Tu sei il migliore papà, *the best*!»

Stella, tu sei di parte!

Si alzò di scatto dalla sedia.

«Esco con la mamma a prendermi un vestito: l'abito fa il monaco e anche la suora!»

E scappò via.

Sul giornale appoggiato sul divano adocchiai le dichiarazioni indignate di noti personaggi dello spettacolo sui recenti scandali di molestia sessuale, molti li conoscevo e con alcuni ci avevo anche lavorato assieme.

Senti da che pulpito, pensai.

9. CAVALLI

Era la prima volta che cavalcavo con Elena e, scusatemi la retorica, era il mio sogno fin da quando era piccola.

Ho amato i cavalli da quando ho ricordo, ne ero ossessionato: da ragazzino era l'unica cosa che disegnavo.

Il cavallo rappresenta tutto quello a cui dovremmo aspirare come esseri umani, bontà, forza, eleganza, bellezza e la capacità di essere umili ma nobili al tempo stesso.

Quando smontammo di sella, Elena era al settimo cielo.

«Come ho galoppato?»

Me lo chiese ancora sudata, mentre si toglieva la protezione dalla schiena.

Una vera amazzone! - risposi con tono paterno.

Il cavallo che aveva montato, Sally, un bellissimo mezzo pony, sembrava ridere con noi, mentre Canova, detto il Professore, ci seguiva spingendomi con la testa, simpaticamente desideroso di raggiungere la ben meritata mangiatoia.

Passammo una buona mezz'ora ad accudirli, assicurandoci che gli zoccoli fossero puliti, il manto asciutto e ben spazzolato, e che la coperta fosse ben aggiustata prima di chiuderli nel box per la notte. Ci avviammo alla macchina, ancora eccitati dai momenti in groppa, nonostante la serata fredda l'aria di campagna era veramente un benessere per i polmoni, compreso l'odore del maneggio.

«La politica si occupa di ambiente?» chiese all'improvviso.

Certo che sì, purtroppo l'attenzione dei politici al problema ecologico è in funzione della situazione economica del paese.

«In che senso? Tantissima gente vuole energie rinnovabili e verdi, aria migliore e mangiare sano.»

Sì è vero, risposi, ma nel caso ci sia una crisi economica, l'ecologia passa in secondo piano rispetto al fatto che le persone non hanno da mangiare, e quando il cittadino-elettore ha lo stomaco che brontola non digerisce più i politici al governo e li manda a casa. I costi per produrre rispettando l'ambiente sono spesso impopolari, favorendo processi produttivi e distributivi che creano meno danno, ma sono quasi sempre più onerosi. Fin quando l'economia va bene i politici non hanno problemi a giustificare i costi in più o ulteriori misure restrittive, ma nel momento in cui c'è anche solo la percezione di un'invasione non necessaria del portafoglio familiare, favorendo pochi ecologisti benpensanti, allora il vento popolare cambia; spesso però tale percezione nasce da cattiva informazione, guarda cosa ha fatto Trump con il trattato di Parigi!

«Tiri fuori sempre Trump!» sbuffò in modo divertente.

Questa volta a proposito: il trattato di Parigi è molto ampio, poco seguito in ogni caso, però è il simbolo di una volontà di tutto il pianeta, tutte le nazioni quasi senza eccezioni, di fare qualcosa per salvare questa povera terra. Trump lo odia perché Obama lo aveva promosso così tanto, e non ha firmato fondamentalmente per due motivi: far vedere che salvava posti di lavoro nelle miniere di carbone, nel settore termonucleare e nella produzione automobilistica, dato che, in teoria, si penalizzano questi tre settori, e mostrare a tutti che nessuno può controllare gli USA, soprattutto la Francia. Ovviamente non è così, ma fu solo un gesto per far colpo sul suo elettorato avido di segnali forti, che non servono a niente fuorché a gonfiare il petto.

In realtà Trump può, senza volerlo, aver risvegliato lo spirito ecologista di molti americani che fino a quel momento dormivano, sicuri che si facesse abbastanza.

«Io parlavo dell'Italia papà, siamo davvero molto indietro come dice Chiara? Lei è addirittura vegetariana.»

Chiara farebbe meglio a diventare vegetariana un po' più avanti, quando ha finito di crescere, le proteine della carne servono allo sviluppo, basta non esagerare e non fa male.

Comunque - proseguii - l'Italia è tra le prime al mondo per

energie rinnovabili, dietro solo a Svezia, Germania e altri paesi del Nord Europa. Siamo non solo bravi, ma anche avanti a tanti.

Misi in moto; Elena m'incalzò mentre facevo retromarcia.

«Chiara dice che in Italia andiamo indietro come i gamberi in quanto ad ecologia.»

Non ne sarei così sicuro, può darsi che abbiamo perso un po' il passo per via della crisi economica che ha stretto l'Italia dopo il 2006, il governo di allora ha implementato la normativa Europea, meno severa di quella italiana, ma in ogni caso siamo tra i primi paesi per energie rinnovabili, se non sbaglio siamo quasi al novanta per cento di copertura del fabbisogno energetico nazionale.

«Davvero?» si stupì Elena.

Controlla su internet ma penso di sì.

Cominciò a piovigginare, un'acqua che cercava di diventare neve; si accese la spia di possibile ghiaccio sulle strade.

Rallentai e azionai il tergicristallo.

Fortunatamente l'ecologia è una battaglia popolare molto sentita dai giovani, che temono il *climate change* come un pericolo ben reale e incombente, ma che molti politici sottovalutano o addirittura negano, come fa lo stesso Trump. Studiare l'interazione tra essere viventi, umani compresi, e l'ambiente è la base dell'ecologia, che purtroppo spesso viene strumentalizzata dai politici quando fa comodo e poi subito abbandonata quando diventa ingombrante e troppo costosa.

«E quando succede tutto ciò?»

Ad esempio quando viene fatta costruire una superstrada disboscando e distruggendo molti chilometri quadrati di terreno, magari un ecosistema delicato contenente specie rare, l'interesse economico di fabbriche e trasporti prevale sull'erbetta dei leprotti e sulle pozzanghere delle rane.

«Non è giusto però!» mi interruppe.

La politica in teoria dovrebbe mediare e trovare un compromesso, sfortunatamente chi ha messo il politico su quella poltrona, pagandone la campagna elettorale, si aspetta che i propri interessi vengano protetti, mentre leprotti e rane finiscano pure in padella.

«Che tristezza. E non si può far nulla?»

Si può eccome, oggi ci sono i social media per mobilitare la massa in poche ore, mentre in passato ci sarebbero voluti dei giorni, è possibile poi accedere più velocemente e direttamente ai media tradizionali come televisioni e giornali: un tweet o un post interessante viene ripetuto e distribuito a molti con gran velocità, attirando l'attenzione dei mezzi di comunicazione principali senza sborsi eccessivi o *agganci* importanti.

«Tu però tempo fa mi avevi detto che non si può avere un governo del popolo diretto, perché basta poco e s'infiamma tutto, con esecuzioni sommarie improvvise e capricciose.»

Non ho cambiato idea, ma meglio che cambiamo strada perché di qui non si passa.

Davanti a noi un grosso camion si era incastrato tra due macchine nel far manovra, c'erano già diverse auto in colonna e non sembrava un ingorgo risolvibile in poco tempo; feci inversione e riprendemmo, sia la strada che la conversazione.

Vedi Elena, il politico bravo serve a guidare il popolo a stare meglio, a garantire sicurezza e governabilità, prendendo a volte decisioni che non piacciono a molti per il bene di tutti, oppure a prenderne altre che a breve termine sono dure ma che a lungo andare faranno un gran bene.

«Come una dieta!» sorrise la mia teenager.

Esatto, le misure di austerità sono il tipico esempio: nessuno le vorrebbe ma sono una dieta necessaria a volte.

«Ma se ci fosse una sola funzione che un politico ha, quale sarebbe?»

Ecco, ci risiamo, pensai: tipico dei giovani d'oggi di voler ridurre concetti complessi ad una sola frasetta, come i *meme*, immagini con una frase che riassume un pensiero semplice, gli *emoji*, quelle icone e faccine popolari su sms e WhatsApp, sostituendo a volte proposizioni intere con cuoricini su tondi gialli.

«Papà?»

Dimmi...

«Eri perso nei tuoi pensieri.»

Ah sì... - recuperai - ...a cosa serve un politico.

Il mio povero cervello ormai fumava come un radiatore in coda in autostrada d'estate.

Direi che serve a unire persone di posizioni diverse per raggiungere un accordo di compromesso, permettendo a tutti di lavorare assieme.

Mi guardò soddisfatta, anche questa volta ero riuscito a rispondere con la sintesi che le persone della sua età richiedono.

Mi lesse nel pensiero.

«Tu saresti un ottimo politico papà.»

Risi, mentre cercavo di capire dove svoltare.

Tu dici? Solo perché metto tutti d'accordo su dove passare le vacanze di Natale?

Ridemmo mentre la pioggia smetteva di martoriare il vetro.

Ci fermammo a fare un po' di gasolio.

«Secondo te le auto diventeranno tutte elettriche?»

Penso proprio di sì, per un semplice motivo.

«Quale?»

Ora c'è la volontà e l'interesse politico per farlo, prima di ciò era impensabile. Mai sentito parlare delle *Sette Sorelle?*

Scosse la testa ad indicare un *no* deciso.

Fu il termine che Enrico Mattei, noto deputato alla fine della guerra, coniò descrivendo un cartello, cioè un gruppo che protegge solo i propri interessi a scapito di altri, composto dalle maggiori compagnie petrolifere Americane di allora, sospettate addirittura di bloccare lo sviluppo di propulsioni alternative al motore a scoppio per proteggere i propri interessi. Mattei fu incaricato di rimettere a posto l'*AGIP*, principale azienda petrolifera italiana, e scoprì questo accordo tra le sette compagnie, che danneggiava non solo l'Italia, ma tutto il mondo. Riuscendo a rendere l'Italia indipendente dal punto di vista energetico, alleandosi addirittura con lo Scià di Persia, l'attuale Iran, ma disturbò potenti interessi e venne fatto esplodere mentre volava con il suo aereo privato. Il caso Mattei fu famosissimo, e altri che investigarono sulla sua morte vennero fatti fuori: il giornalista De Mauro, il generale dei Carabinieri Della Chiesa, il vicequestore Boris Giuliano...

«Una strage!»

Già, si sospettò che perfino lo scrittore Pasolini fu ucciso perché si interessò alla cosa.

«Ma perché Mattei venne ucciso?»

Perché dava fastidio ad interessi politici enormi, con un giro vorticoso di soldi, tanti soldi, coinvolgendo economie di intere nazioni, tanto che si pensa che perfino la CIA ne fosse coinvolta.

«Una vera storia di spie!»

Purtroppo con morti veri. Mattei evitò che le Sette Sorelle

assorbissero l'industria petrolifera italiana, e creò l'ENI che rivaleggiò con loro soprattutto nei mercati del Nord Africa e del Medio Oriente. Fu il più noto e misterioso delitto politico del dopoguerra.

«Perché *politico?*»

Perché si sospetta che chi governava l'Italia di allora non vedesse di buon occhio l'influenza che Mattei, considerato comunista e in diretto contatto con Mosca, aveva sul resto del Parlamento. In anni a seguire saltò fuori anche la partecipazione dei servizi segreti italiani sul caso, accusati di insabbiare varie piste sui mandanti e gli esecutori dell'attentato, insomma una vicenda veramente sordida.

«*Questa* sarebbe la politica in Italia?» chiese sconcertata.

No, questa è l'aberrazione della politica in generale, non solo italiana. Tieni conto che però quegli anni erano davvero difficili: dal dopoguerra fino agli anni '80 in Italia successe di tutto. Sopravvivere, non solo politicamente, in quel periodo era difficile, con tensioni sindacali e scioperi continui, rivolte studentesche, proteste ecologiche e il terrorismo rampante e sanguinario: il Belpaese era in un gran brutto stato.

«C'era già il terrorismo?»

Certo, tra cui le Brigate Rosse, che rapirono e uccisero un politico amato e rispettato, Aldo Moro; furono anni tremendi.

Eravamo quasi giunti a casa, parcheggiai e scendemmo.

Forse avevo esagerato, Elena prese la borsa con casco e protezioni come se contenesse l'archivio del caso Mattei, un peso incredibile e scomodo a tutti.

Prendo io! - dissi togliendole quel fardello.

«Quindi non si può fare politica pulita.» affermò abbastanza sconsolata.

Si può, si può, bisogna però scegliere cavalli di razza, che diano il massimo e siano leali, e trattarli con rispetto, pretendendo rispetto. Le strappai un sorriso.

«Se non ci mettevi i cavalli non eri contento papà!»

I cavalli stanno bene ovunque, e se abbiamo animali di razza e scegliamo i cavalli di battaglia giusti.... siamo a cavallo!

«Babbo!» esclamò disgustata della mia battuta.

OK, sorry! - risposi, aggiungendo il rumore che i cavalli fanno mentre sbuffano.

Rise e con il frustino mi dette un colpetto, schioccando la lingua, quel rumore che si fa con la bocca per incitare il cavallo a muoversi. Nitrii, scalpitando con i piedi, mentre Cristina apriva la porta guardandoci inorridita.

«I cavalli lasciateli fuori, e anche tutto quello che puzza come loro!» esclamò perentoria.

Pensai al letame della storia politica italiana, a quanta gente aveva difeso ideali facendone i propri cavalli di battaglia, per i quali aveva perso tutto, anche la vita.

10. MOTORE

Non uso molto la macchina, preferisco la moto o andare a piedi, anche se guidare quattro ruote mi è sempre piaciuto.

Ne so poco di meccanica, quanto basta, ma soprattutto non amo parlare di automobili, e neanche di motociclette.

Non mi fraintendete, due chiacchiere su quanto bella fosse la Jaguar XKR le faccio volentieri, così come discuto con passione perché preferisco l'Indian all' Harley Davidson, e devo ammettere che sì, la mia Vespa 150GT del 1961 è la più bella *dueruote* che abbia mai avuto, e di moto ne ho avute veramente tante!

«Papà?»

Dimmi Elena.

«Stai parlando da solo.»

Ecco, pensai, il mio grillo parlante mi ha beccato di nuovo, non le sfugge nulla.

«La tua Vespa è bellissima», aggiunse, «tanto *coccola!*»

Ecco come mia figlia vedeva il simbolo della libertà giovane dei miei anni, arma di seduzione e indipendenza: *coccola!*

Svoltammo nel parcheggio dell'officina, dove il capo meccanico, un uomo adorabile di nome Santino, ci accolse come vecchi amici, anche se lo vedevamo solo in rare occasioni come questa: il tagliando.

«Vi accomodate in sala d'aspetto o preferite tornare più tardi? Ve la faccio prima possibile», disse con la calma di chi non solo sa fare il suo mestiere, ma è proprio una bellissima persona.

Grazie, se non le dispiace aspettiamo - risposi, e ci sedemmo sulle sedie di finta pelle, tipico delle concessionarie e del dottore. Elena trovò sulla sua un quotidiano, e si mise a sfogliare.

«La politica mi sembra un problema di algebra, ma enunciato con numeri di una lingua aliena», dichiarò, «non è una soluzione accessibile all'uomo sapiens.»

Colsi la leggera ironia, ma in ogni caso azzardai una risposta, ignaro di quello che avrei dovuto sostenere da lì a poco.

Fu Aristotele ad affermare che l'uomo è per natura un animale politico - dissi - e proprio Aristotele tranquillizzò tutti affermando: *se c'è soluzione perché ti preoccupi? Se non c'è soluzione perché ti preoccupi?*

Mia figlia mi osservava come Andreotti osservava il bicchiere d'acqua che gli passò Craxi in un dibattito, lo sguardo di chi non ha scelta e deve fidarsi, anche se rimane il dubbio.

«Papà, ho solo affermato che questa *donna sapiens* non riesce a capire quasi nulla quando si parla di politica, cosa c'entra la nemesi di noi studenti del Classico?»

Puntai con il dito a una sezione di motore messa in bella vista a scopo ornamentale.

C'entra, perché invece che cercare di ricordare una serie di nozioni, dovremmo capire il meccanismo di base, qualsiasi cosa questo sputi fuori avrà senso perché sappiamo come funziona il suo interno, e se non ha senso è proprio perché sappiamo bene cosa non ha funzionato, e va aggiustato.

Seguì una lunga pausa, ed ero soddisfatto di essermela cavata così bene, ma durò poco.

«Cos'è il *Rosatellum?*» chiese a tradimento.

Mi ricordava molto la domanda improvvisa, sparata a mo' di fucilata, che la professoressa mi faceva al liceo interrompendo la spiegazione, facendomi pesare che non stavo seguendo, e purtroppo aveva ragione perché certamente pensavo a moto e cavalli.

«Me lo spieghi?»

Guardai il giornale come il meccanico probabilmente stava guardando la coppa dell'olio: va controllata, ma non sei sicuro che finisca come speri tu.

Il *Rosatellum* - pronunciai arrotolando la lingua sul palato sperando che qualcuno entrasse dicendo che la macchina era pronta dopo soli cinque minuti, impensabili tempi da *pit stop* di formula uno in una normalissima officina.

Mia figlia continuò a guardarmi con fare sornione, quello usato nelle grandi occasioni: *non lo sai!*

Mi ripresi velocemente, con sua grande sorpresa.

Il *Rosatellum* è la nuova legge elettorale approvata nell'ottobre del 2017 che regolerà le elezioni del 2018, si chiama così perché c'è questo trend tra politici di latinizzare il nome di qualcosa o qualcuno che ha a che fare con una legge o un provvedimento. In questo caso si tratta del capogruppo del PD che l'ha presentata, un certo Rosato.

Mi guardò con l'espressione che vuol dire *non te la cavi così facilmente.*

Ripresi, in salita ovviamente.

Un po' te l'avevo già accennato parlando giorni fa di come si arriva ad essere eletti in Parlamento.

Si aggiustò i capelli, guardandomi perplessa.

Non ti basta? - chiesi, cominciando a sudare nella sala d'aspetto fredda come una cella frigorifera.

«Ti aiuto io papà: ti faccio domande e tu rispondi.»

Ok detective, vuole prima leggermi i miei diritti, meglio se comincio anche a chiamare il mio avvocato?

«Dai papà... allora: prima domanda.»

Mi sfregai le mani e le misi sulle tempie, fingendo massima

concentrazione come ad un quiz televisivo con premi milionari, anche se qui la posta in gioco era molto più alta.

Prima domanda - ripetei.

«Perché?» chiese.

Perché... cosa? - dissi con malcelata preoccupazione.

«Perché serviva una nuova legge? Non bastava quella che c'era prima? La Matt...»

...Mattarellum, che era molto prima e alla quale seguirono Porcellum, Italicum e infine il Rosatellum; alcune vennero dichiarate in parte o del tutto incostituzionali e quindi se ne è dovuta fare un'altra.

«Che nomi ridicoli! Questa è migliore?» mi interrogò divertita.

Migliore non saprei, favorisce la formazione di coalizioni tra partiti, toglie il premio di maggioranza e limita il numero dei nomi nei listini, ma forse la grande novità è la *quota rosa*, cioè ciascuno dei due sessi non può rappresentare più del sessanta per cento dei candidati di un listino e dei capilista di un singolo partito in tutto il paese.

«Quindi?»

Quindi - proseguii - se ci sono due seggi da assegnare, i candidati del listino dovranno essere un uomo e una donna, se sono tre seggi, due uomini e una donna o due donne e un uomo e così via.

«Allora questa legge piace a tutti?»

L'hanno votata a favore il PD, Forza Italia, Lega e un'altra che non ricordo...

«I Cinquestelle?»

No no, anzi, loro hanno votato contro, assieme a Sinistra Italiana e altri due.

«Quindi ai partiti conviene allearsi?»

Questa è già la seconda domanda?

«No!» soffiò divertita della mia trepidazione.

Conviene sì, così sostengono lo stesso candidato nei collegi uninominali.

«Qui scrivono che i Cinquestelle non faranno alleanze.»

Annuii, guardando disperatamente verso la porta dell'officina.

L'ho letto anch'io, infatti saranno svantaggiati, mentre al PD di Renzi farebbe comodo, se trovano con chi mettersi in lista.

Guardò il quotidiano: «Perché parlano di tre per cento?»

I partiti dovranno ottenere almeno il tre per cento dei voti su base nazionale, però se sono in una coalizione questo minimo diventa il dieci per cento dei voti. Te l'avevo già spiegato tempo fa, non ti ricordi più, si chiama *sbarramento*?

«E se non ce la fanno?» chiese, ignorando la mia obiezione.

In quel caso non possono eleggere alcun parlamentare.

«Ma sulla scheda cosa troverò? Qui non lo spiegano.»

Cominciai a pensare alla frase che disse Steve McQueen: *La vita è correre. Il resto è soltanto attesa*. Santino dove sei?

Io a differenza di Steve McQueen non avevo possibilità di fuga, quindi decisi di collaborare.

Vedrai i simboli delle liste, di disegno più o meno brutto, e i nomi dei candidati del corrispondente listino *bloccato,* cioè il cui ordine non può essere modificato e di cui non puoi esprimere una preferenza. Puoi mettere un segno sulla lista che trovi sulla scheda e allora il voto va alla lista e al candidato all'uninominale, per intenderci il nome che vedi più in grande, se invece lo metti sul candidato all'uninominale, il voto va anche alla lista, che se è una coalizione viene distribuito proporzionalmente tra le liste che ne fanno parte. Se hai messo un segno su un candidato al collegio uninominale e anche su una delle liste della sua coalizione la scheda è ancora valida. Ricordati però che non puoi mettere una croce su un candidato e contemporaneamente su un simbolo a cui lui non è collegato perché in quel caso la scheda diventa nulla.

Ti è chiaro?

«Non tanto. Ma è possibile che due liste raggiungano la parità?»

Ti piace questo testa a testa eh? In quel caso ha la maggioranza la lista che ha ricevuto più voti. La legge precedente prevedeva un ballottaggio, ma la corte costituzionale lo ha annullato.

«In Inghilterra è diverso?»

La parte maggioritaria è uguale al sistema elettorale del Regno Unito e anche della Camera dei Rappresentanti degli Stati Uniti, con collegi uninominali e elezioni a turno unico senza ballottaggio.

«E gli italiani residenti all'estero come te?»

Esistono seggi anche per gli italiani residenti all'estero, divisi così: Europa, Sud America, Nord e Centro America, Africa-Asia-Oceania-Antartide, e seguono il sistema proporzionale puro, senza sbarramento.

«E una volta che le elezioni son fatte e i deputati eletti?»

Ufficialmente prima di iniziare ogni Governo, cioè dopo le elezioni, i deputati devono dare la fiducia al governo formato da chi ha vinto le elezioni, tale fiducia deve venire da tutte e due le camere.

«E se non danno la fiducia?»

Allora il Presidente della Repubblica scioglie le camere e indice nuove elezioni; anche deputati e senatori, almeno un decimo, possono presentare una mozione di sfiducia verso il Governo.

Mi guardò sconsolata.

«Quindi se non si mettono d'accordo non c'è governo. Ma secondo te è meglio che si possa governare o che siamo rappresentati meglio?»

Cioè? - chiesi, anche se avevo capito benissimo la domanda.

«Dato che spesso i Governi in Italia cadono perché in Parlamento non riescono a mettersi d'accordo, non sarebbe meglio che ci fosse un sistema per cui non possono *non* mettersi d'accordo? Non so se tale sistema esista ma...»

Esiste eccome, si chiama *dittatura*, e dovendo scegliere fra rappresentatività e governabilità meglio la prima.

«Davvero?»

Assolutamente sì, ogni giorno della settimana e due volte la domenica.

Rise come faceva sempre, gli occhi che le brillavano.

Vedi, il nostro sistema avrà le sue pecche, ma preferisco avere una democrazia debole piuttosto che una dittatura forte.

«Pietro dice che la dittatura è l'unica forma di governo che funzionerebbe in Italia.»

Vedo che è tornato di destra il nostro uomo, comunque ha ragione.

Mi guardò stupefatta: «Ma hai appena detto che...»

A detta di alcuni l'assolutismo sarebbe la più efficiente forma di governo se fosse una guida *illuminata*, intendendo con ciò una persona di grande correttezza, senso di giustizia e valore morale, che ascolta il volere del popolo e lo guida. Raramente persone così esistono, siamo esseri umani e corruttibili, soprattutto quando abbiamo molto potere.

«In tempi moderni ci sono mai stati dittatori illuminati?»

Guardai nuovamente la porta dell'officina, avrei avuto tanto bisogno di luce da quella porta... se solo si aprisse!

Non proprio, diciamo che ci sono stati capi di stato con potere quasi assoluto che fecero del bene al proprio paese, in particolare mi viene in mente *Sankara* che guidò l'attuale Burkina Faso per pochi anni prima di essere assassinato dal suo vice.

Fece delle riforme economiche e sociali incredibili, portando il paese Africano da una povertà assoluta ad un certo benessere, senza alcun aiuto esterno. Dopo che fu ucciso il paese risprofondò nella corruzione e fame che lo avevano piagato.

Feci una pausa, pensando a colui che viene ricordato come l'unico dittatore africano illuminato, ne sentii la storia mentre ero in Angola durante la guerra che straziò quel paese, ma questo è un altro libro, dovrete aver pazienza.

Un altro capo di stato portato ad esempio di guida illuminata è *Ataturk* in Turchia - continuai - e lì è venerato da molti come un santo. Molta gente si commuove solo menzionandolo, dato che salvò la Turchia del dopoguerra, in ginocchio economicamente e politicamente vulnerabile ad essere divisa tra inglesi, francesi e americani desiderosi di controllare un paese che è il ponte verso il medio Oriente. Ataturk creò la secolarizzazione dello stato, diede il voto alle donne, facendone la nazione potente e moderna come la conosciamo oggi, in modo così forte che quando discutiamo il problema medio-orientale, la Turchia raramente viene nominata, considerata più simile all'Europa che non all'Oriente. Fu sempre lui a insistere che i Turchi si occidentalizzassero, anche nel vestire.

«Torniamo in Italia papà. Le leggi prima del Rosatellum non erano costituzionali giusto?»

Parte di esse non lo era, no.

«La Costituzione si può cambiare?»

Può essere modificata, ma data l'estrema delicatezza e importanza di una misura del genere, ogni modifica deve essere approvata due volte a distanza di tre mesi da tutte e due le camere, e mantenere in entrambe le votazioni la maggioranza assoluta. È possibile anche per referendum popolare, se lo richiedono almeno mezzo milione di elettori oppure un quinto dei membri di una Camera o cinque Consigli regionali.

«Come fai a saperlo?»

Ho studiato Giurisprudenza per qualche anno, poi ho smesso perché non riuscivo più a studiare e lavorare al tempo stesso.

«Lavoravi già?»

Il suo stupore ancora echeggiava nella stanza quando entrò il buon Santino, la macchina era pronta e io ero salvo.

Pagai il conto, ringraziando i giapponesi che costruiscono macchine che costano così poco di manutenzione.

Mentre guidavo Elena era assorbita dal cellulare, sbuffando spesso e digitando furiosamente risposte a destra e a manca.

Era chiaramente irascibile.

Ci fermammo ad un semaforo rosso, la sentivo fremere ancora più nervosa; quando venne verde non resistette più.

«Michele ha scritto sul gruppo di classe in WhatsApp che se lo Stato fosse guidato come un'azienda funzionerebbe tutto meglio, e dice anche che lui lo sa bene perché suo padre è imprenditore.»

Qualcuno ha risposto? - chiesi, anche se a dire il vero la risposta la conoscevo già.

«Sì, ho scritto che le aziende non possono essere portate ad esempio di buon governo, perché in realtà non devono fare l'interesse di chi ci lavora, ma degli azionisti o della proprietà.»

E cosa ha detto Michele? - domandai timidamente.

Si rabbuiò: «Ha scritto che mio padre non è imprenditore e non dà da mangiare a operai e quindi non capisce niente di come funziona.»

La guardai di sottecchi: aveva l'aria truce di un vendicatore degli *Avengers* e capii pienamente Cristina quando dice: «È proprio tua figlia!»

Corsi ai ripari per salvare Michele da morte orrenda.

Prima di tutto, anche se non sono imprenditore, ho dato e continuo a dar da mangiare a tanta gente, direttamente, visto che sono proprio io che metto assieme la maggior parte della *troupe*. Scelgo tutti personalmente ed è una cosa che faccio con grande coscienza e responsabilità da tanti anni, chiamando non solo i migliori, ma spesso chi so avere problemi perché non lavora da molto, oppure ha situazioni poco fortunate a casa.

Elena si illuminò.

Detto questo, quando si paragona il condurre un'azienda al guidare un paese, e di questi tempi se ne parla parecchio, dato che Trump ne ha fatto il suo cavallo di battaglia, nonostante sia andato in grave bancarotta ben sei volte, bisogna ricordarsi che mentre un'azienda può anche fallire, una nazione no, assolutamente non può farlo. Vedi cosa stava per succedere con la Grecia e non lo hanno permesso. Inoltre le qualità che fanno un ottimo leader politico non sono necessariamente quelle che possiede un ottimo imprenditore.

Rallentai per lasciar passare un furgone delle consegne che doveva svoltare.

La politica è fondamentalmente il processo di decidere chi deve avere cosa, dove, perché e quando. In business questo processo è dettato da leggi economiche, come domanda e offerta, e raramente si riesce a creare una domanda in un mercato, è più facile che si risponda ad una esigenza esistente o latente per ottenere un profitto, mentre in politica bisogna garantire l'interesse pubblico più di quello privato. Un esempio lo vediamo nella gestione degli ospedali: sarebbe bellissimo che non fossero in perdita, ma se essere in perdita vuol dire salvare vite umane, la perdita economica è giustificata, anche se questo non vuol dire che gli sprechi vanno accettati.

«Sì papà, ma qualcuno però deve pagare queste perdite!»

Senz'altro, ed è per questo che ci devono essere delle attività dello Stato che generano profitto, così questo eccesso o surplus va a coprire le perdite di attività fondamentali per la vita, oppure creare proventi con prelievo fiscale ad hoc.

Ad esempio: alcol e sigarette non sono generi fondamentali di sopravvivenza, quindi tassiamoli ben bene, così la gente beve e fuma meno, abbassando il lavoro degli ospedali, e al tempo stesso possiamo pagare lo stipendio dei medici, il costo delle medicine, di strutture e attrezzature necessarie a salvare vite umane. Lo stesso vale per la scuola: l'educazione non deve essere un business, ma un diritto fondamentale di tutti, e tutti dovrebbero averne accesso, indipendentemente dal loro stato sociale, e non trovo giusto che solo chi può permetterselo possa andare all'università.

Feci una pausa, e respirai a fondo, quello era un argomento che mi ha sempre appassionato, vissuto in prima persona.

Vedi stellina, credo nella meritocrazia, cioè che a parità di opportunità il migliore deve poter accedere a incarichi importanti, e questo non vuol dire che merita solo chi è più intelligente, perché anche chi lavora duramente deve essere premiato, mentre lo scansafatiche va messo da parte.

La meritocrazia è una forma ideale di governo, definendo bene però cosa intendiamo per migliore: chi vuole migliorare sé e gli altri e ha la competenza per farlo, o perché intelligente o perché ha lavorato duro per arrivarci.

Mi guardò un po' spaesata.

«Tornando alle aziende», puntualizzò decisa, «soprattutto quelle che vanno bene, direi che sono più delle tirannie che delle democrazie, quindi in teoria sarebbe meglio la dittatura.»

Stavolta fui io a ridere.

No piccola, le aziende private sono delle plutocrazie, cioè sistemi governati da chi ha il patrimonio, i soldi.

«Ma non è così anche in molte democrazie?» ribadì imperterrita, «Ad esempio in America per diventare Presidente servono milioni e milioni di dollari.»

Sospirai guardandola con la tenerezza di un padre che capisce quanto i figli siano ormai grandi.

Vero, gli USA sono di fatto una plutocrazia, come molte nazioni ormai, dato che chi ha tanti soldi ha normalmente il potere di influenzare chi governa, o addirittura di comprarselo.

Parcheggiai sotto casa.

Il fatto che so guidare la macchina non garantisce che so ripararla se si rompe, modificarla per risparmiare benzina o migliorarne le prestazioni, quindi uno che guida un'azienda, anche di successo, non necessariamente sa portare un paese dove dovrebbe, e chi fa questo parallelismo pecca d'ingenuità.

Questo non vuol dire che non ce ne siano di tali persone, ma anche un bravissimo imprenditore come Berlusconi, e che sia in gamba nessuno lo può negare, ha avuto dei rompicapi una volta al governo. Non è facile. Un governo è come un motore, fatto di molte parti anche complesse, ma ci vuole un bravo meccanico e un bravo guidatore per farlo funzionare come si deve, e ambedue devono far la propria parte, al meglio.

Scendemmo dalla macchina e ci avvicinammo al portone.

«Papà...» disse con voce timorosa.

Dimmi piccina.

«Se tu fossi al governo, cosa faresti per prima cosa?»

Risi di gusto, ma mi guardò seria seria.

Mi ricomposi.

Darei subito le dimissioni così uno veramente capace può andare al posto mio.

«Tu sei il migliore babbo, avresti il mio voto!»

Mi abbracciò.

«Posso andare alla festa di Chiara sabato sera?»

Mi girai con uno sguardo indagatore.

Mi hai votato perché sono il migliore o per pure ragioni opportunistiche?

Ridemmo salendo di corsa le scale, facendo a gara a chi arrivava prima.

11. EUREKA

«Mi puoi dare un esempio di opportunismo in politica?»

Esordì così, neanche il tempo di lasciarmi entrare in casa.

Fammi almeno prender fiato - risposi prendendo tempo - perché me lo chiedi? C'entra per caso Pietro?

«No, ma voglio essere preparata se continua a stressarmi con le sue teorie.»

È sempre di destra? - ghignai.

«Lui diceva che avrebbe votato Lega, ma ha già cambiato idea, ora gli piacciono i Cinquestelle.»

Un bel salto direi!

«Allora, mi puoi dire un trucco opportunistico usato in politica, al giorno d'oggi?»

Se mi spieghi a cosa ti serve mi sarebbe utile.

«Pietro continua a dire che non ci sono trucchi e giochi sporchi in politica oggi, perché tutti sanno tutto; vorrei qualcosa che si usa in politica in Italia e che sia abbastanza tecnico e segreto.»

Sospirai in modo esagerato, per dare più peso al *segreto* che stavo per svelare.

Te ne dico uno che mi ha appena riferito un mio amico giornalista, grande esperto di politica italiana, nonché chef e buongustaio - aggiunsi - e lui sì che se ne intende di ingredienti diversi mischiati per ottenere risultati nuovi e saporiti!

Tolsi le scarpe da jogging e il mio ginocchio scricchiolò implorandomi di non torturarlo per un po'.

«Mi basta una risposta veloce papà», disse con quel tono perentorio che ha una figlia con il padre.

Mi arresi velocemente, come fanno spesso i padri con le figlie.

Avrai senz'altro sentito che ci sono molti piccoli movimenti e partiti che stanno nascendo un po' ovunque, no? Come i funghi nel bosco quando esce il sole dopo la pioggia.

Annuì con la testa in modo deciso.

Bene, alcuni sono piccoli gruppi che si scindono da formazioni più grandi per disaccordi o rivalità, altri nascono spontanei, dal desiderio di qualcuno di fare qualcosa che veramente cambi la scena, migliorandola; spesso si autofinanziano, cioè non hanno sponsor di spessore. Altri ancora invece, sono iniziative nate perché dietro c'è qualche partito (o uno specifico leader) che le stimola e le sostiene nell'ombra, per poi far confluire i voti e i consensi quando serve. Queste operazioni sono simili alle *finte liste civiche*, ovvero: un leader sa di non poter attecchire in uno specifico gruppo o target e sceglie uno di sua fiducia che ha chance; poi magicamente si annuncia che *il tal partito ha fatto sue le nostre posizioni*... e viene di fatto inglobato. In questi casi però, sono solo i capi ad averne beneficio.

«Ma è legale?»

Certo, forse non proprio moralmente accettabile per alcuni, ma abbastanza normale. Ricordi cosa si diceva l'altro giorno a proposito di migliore o peggiore?

«Sì ricordo, abbastanza disgustoso direi.»

E a proposito di disgustoso ho bisogno di farmi una doccia, io mica sudo Chanel quando vado a correre!

Riuscii a rifugiarmi in bagno, ma da dietro la porta la sentii incalzare.

«Che senso hanno le liste civiche?»

La prima cosa che mi venne in mente di risponderle fu: ma non ti insegnano niente a scuola? Invece optai codardamente di aprire l'acqua ed entrare in doccia, ripromettendomi di dare un ripasso veloce di come funziona in dettaglio il nostro sistema elettorale dopo l'asciugacapelli. In ogni caso avrei dovuto dar fondo a tutta la mia abilità di sintesi creativa per illustrare a mia figlia come funziona. Impresa faticosissima, dato che, restando in tema d'acqua, a spiegare la politica italiana ci si sente come i salmoni che risalgono la corrente, con gli orsi in agguato.

Sotto la doccia non ho mai cantato, non so se dovrei, ma di sicuro ho sempre trovato che l'acqua, o forse in genere il bagno come stanza, è un gran pensatoio e fonte di idee creative.

Ho letto casualmente tempo fa, che una ricercatrice americana di Harvard (e chi altri) ha scoperto che le persone altamente creative hanno tutte quante un tratto in comune: si distraggono facilmente. Cosa c'entra con la doccia? Se ci pensate bene, in attività come la doccia, il galleggiare in mare o la pesca, siete talmente rilassati che allentate il controllo che vi imponete nella vita di tutti i giorni, lasciando il cervello libero di spaziare dove normalmente non glielo permettete. In questo rilassamento la mente va ad escogitare idee balzane e diverse: il classico momento *eureka* di Archimede, che leggenda vuole scoprì la famosa legge che regola i fluidi proprio in vasca da bagno, annunciandone la scoperta urlando di gioia la famosa frase mentre correva nudo per Siracusa.

L'unico momento in cui una lampadina si accende in acqua senza fare danni.

Questa volta però la creatività non serviva, era ora di dare una risposta semplice e veloce a mia figlia su come l'Italia si destreggia in politica, un continuo gioco d'incastri ed equilibri, dove le cose dette sono solo la punta dell'iceberg di quelle non dette, e che raramente troverete scritte da qualche parte.

Inoltre non volevo darle un'idea pessimistica della politica, a quello ci pensavano già alcuni suoi compagni e la società in genere, più che mai oggi con i *troll* su web.

E proprio a internet detti un'occhiata, giusto per non dire sciocchezze, per poi chiamare la mia studentessa, che vedendo lo schermo aperto enunciò sconfortata: «Papà quella pagina sulle liste civiche l'ho vista anch'io!»

Non dite che non vi avevo avvertito sui giovani che sanno già tutto: Google batte papà ancora una volta.

E cosa c'è che non capisci?

Si accasciò sulla poltrona, il peso del mondo su di lei.

«Non capisco perché bisogna complicare il facile e renderlo difficile.»

Attraverso l'inutile - aggiunsi, ma questa volta non riuscii a strapparle neanche mezzo sorriso.

Senti Elena, capisco che non sia semplice, ma *non può* essere semplice perché la nostra società diventa sempre più complicata e sofisticata, e un governo che non tiene conto di questo e non adatta leggi e forme per eleggere i propri rappresentanti, rischia di cadere nel caos di chi aspetta proprio quelle contraddizioni per affondare tutto, buono o cattivo che sia. La politica è legata alle persone, ricorda cosa diceva Aristotele, e non possiamo avere uomini senza che ci sia politica, che è nata proprio per regolare i rapporti tra questi.

«Come definiresti la politica in due parole allora?»

Eccola di nuovo qui, come tutti i giovani a cercare una frase che riassuma tutto, un meme divertente e rapido da ridistribuire sui social.

Elena capì bene la mia frustrazione, e mi venne incontro:

«Non intendo dire che in una frase tu mi possa spiegare tutto papà, lo so che non è possibile, ma almeno dimmi come si può fare per capirne di più.»

Presi tempo, non volevo ridurre la risposta a una battuta, non questa volta.

Direi che la cosa migliore è mantenersi informati, non permettere che certe informazioni vengano ignorate o distorte, in altre parole non accettare che tutto quello che arriva dal governo è *per il nostro bene* o che ciò che si legge sui media è veramente l'intenzione del governo. A me è sempre servito conoscere quanto più possibile sia stato detto sullo stesso argomento, anche in epoche diverse.

Machiavelli definì la politica come l'arte di salire al potere e mantenerlo, mentre per Karl Marx è l'organizzazione del potere da parte di una classe sociale per opprimere l'altra. In generale la si definisce *l'arte del compromesso per ottenere consenso.*

«E tu babbo come la definiresti?» chiese interessata.

Bella domanda - risposi - se pensi che Albert Einstein una volta affermò che la politica è più difficile della Fisica...

Mi guardò stupefatta: «Disse proprio così?»

Annuii.

La politica sfugge a definizioni nello stesso modo in cui è difficile definire l'amore o la vita, nel momento in cui diamo una definizione abbiamo banalizzato il tutto, ignorandone la complessità.

«Però capisci anche tu papà che questo aliena noi giovani: pochi di quelli che conosco della mia età andranno a votare, con pochissime eccezioni.»

E secondo te perché? - azzardai, sperando in qualcosa d'insolito.

«Perché tanto non cambia nulla», fu l'ovvia risposta.

È lì che ti sbagli, non cambia nulla perché molti, soprattutto i giovani, pensano che non cambierà nulla, o peggio vogliono che siano gli altri a decidere per loro.

«Dai papà, questo è il classico discorso da vecchi.»

La guardai dolcemente.

Già... e da molti secoli, non è cambiato granché, i vecchi si ripetono, ma i giovani non hanno nulla da dire.

«Babbo! Lo dici sempre anche tu che *maturando maturando si finisce col marcire*!» esclamò aggiungendoci un sorriso furbo.

Pensai: bravo Aristotele che hai insegnato i trucchi della dialettica in modo così sottile ai ragazzi.

Cosa vuol dire secondo te *essere maturi?*

«Aver esperienza?» rispose subito.

No, vuol dire assumersi le proprie responsabilità, essere responsabili delle proprie azioni verso se stessi e gli altri.

I politici possono anche ignorare i fatti, vedi cosa sta succedendo negli USA come esempio macroscopico, ma gli elettori, soprattutto quelli giovani, assolutamente non possono ignorarli.

La vedevo perplessa.

Vediamo allora, secondo te, qual è la cosa a cui tutti voi giovani tenete di più, telefonino a parte.

Fece un mezzo sorriso: «Le vacanze?»

Scossi la testa.

La gratificazione immediata, questo è quello che i giovani vogliono oggi - feci una pausa, controllando l'effetto creato.

Quelli della tua età vogliono i *mi piace* istantanei, appena mettono su *web* un pensiero, che sia fotografico o scritto non ha importanza. Perché i *selfie* hanno così successo tra voi, secondo te?

«Perché siamo dei narcisi?»

Non proprio, piuttosto perché i giovani sono insicuri di tante cose, e il selfie mediatico, cioè messo sui social, dà loro prova non solo che esistono, ma che *piacciono*, cioè ottengono gratificazione immediata: diventano *qualcuno*.

Tutti i giovani, da sempre, cercano la popolarità e che venga riconosciuta l'importanza della loro presenza.

La mitologia è piena di esempi di gioventù che attira l'attenzione per riaffermare il proprio esistere, e così ne è anche la storia, popolata di eroi in verde età, spinti dal desiderio di emergere, affinché i loro ideali fossero riconosciuti dai più. Lo stesso succede al giorno d'oggi, solo a velocità più sostenuta, in modo molto più esteso. Quando questa voglia arriva troppo velocemente, magari sull'onda di un populismo spinto da un forte malcontento sociale, diventa pericolosa perché è così che salgono al potere personaggi poco raccomandabili. Questo però in politica accade di rado, dato che la maggior parte delle iniziative sono a lungo termine e necessitano del consenso di molti, che arriva lento e a volte in modo non diretto.

«In che senso?»

Ad esempio, io posso bloccare una tua iniziativa votando contro, oppure ignorando la tua richiesta di riconoscere la tua idea come buona. L'arte della politica in Italia e all'estero, si basa sul creare consensi, sia tra partiti ma anche tra persone, e se il consenso è troppo immediato a volte è difficile valutarne in tempo le ramificazioni e le conseguenze che potrebbe avere. In politica la fretta è cattiva consigliera, ma ai giovani non piace aspettare, vogliono tutto e subito, da sempre.

«È per questo che noi giovani non andiamo a votare?»

Contribuisce senz'altro, ma c'è un altro fattore che scoraggia ad andare al seggio elettorale per votare: la distanza.

Moltissimi vanno all'università in città diverse da dove risiedono, e viaggiare per andare a votare è economicamente e logisticamente scomodo a molti, per questo il voto elettronico sarebbe un incentivo per portare i giovani alla politica.

«Non siamo messi bene», disse con tono grave, «ma anche se fosse così, penso che molti dei miei compagni non voterebbero in ogni caso.»

Spero che questo cambi, e che le nostre chiacchierate servano a qualcosa, non solo a chiarirti le idee, ma a farti capire che non bisogna accettare che ci venga detto che tutti i politici sono corrotti, che la politica è una cosa sporca e che votare non serve a niente. È proprio questo rifiuto della politica che la rende così ostica: abbiamo timore di quello che non conosciamo, ma se lo conosciamo impariamo ad amarlo e a rispettarlo.

«Come hai fatto per farmi amare i ragni, sono affascinanti se li conosci.»

Esatto, e capire quanto sono importanti è fondamentale.

Si alzò di scatto e mi si lanciò in braccio, schioccandomi un bacio sulla guancia: «Vado a fare i compiti!» esclamò mentre era già a metà corridoio.

Elena! - le urlai dietro.

«Siiii?»

Non lasciare la borsetta sulla poltrona, lo sai che la mamma non vuole! E metti via le scarpe!

12. POLTRONE

Vi ricordate quando all'inizio vi ho detto che questo libro è disonesto? È ora di esaminarne il perché, e mi servirò del mio capro espiatorio preferito.

Aristotele ha avuto molte colpe, cominciamo ad elencarne qualcuna, dato che sono colpe gravi, essendo stato la persona più influente mai esistita della storia.

È colpa di colui che Platone, suo insegnante, chiamava *il cervello*, se la biologia intesa come scienza esiste, creata mentre si stava annoiando in esilio su un'isola, e fu proprio lui che, a distanza di molti secoli, influenzò l'illuminismo Europeo, dopo la scoperta a Toledo di suoi scritti tradotti in Arabo.

Un vero genio, filosofo e scienziato d'eccezione, che scrisse volumi di logica, fisica e filosofia, ma anche raccolte di opere morali e sulla politica, primo vero studio organico sull'argomento, dilettandosi anche in scritti di poetica, giusto perché non sapeva cosa fare.

La sua fu una produzione enorme, investigando la logica attraverso la sistematica osservazione di un evento, per spiegare l'inspiegabile di quel tempo ai suoi contemporanei.

Ad Aristotele è imputabile la più grande delle colpe, quella di aver creato la dialettica come la conosciamo oggi, reo di aver ideato i meccanismi sofisticati che permettono a noi esseri umani di dialogare e raggiungere compromessi in situazioni complesse, colpevole di averci insegnato a pensare.

Questo carica tutti noi della responsabilità di cercare sempre il dialogo per risolvere i conflitti, di qualsiasi tipo siano, a qualsiasi livello. Aristotele ha colpa di aver teorizzato che dobbiamo assumerci le nostre responsabilità e non scaricarle su altri: *non so* e *non capisco* non sono scuse accettabili.

Chi legge sa molto; chi osserva sa molto di più, diceva.

Inoltre sosteneva che bisogna spiegare le cose, anche quelle più complicate, nel modo più semplice possibile, parlando come parlano tutti: pensate da uomini saggi, ma parlate come la gente comune. Credeva molto nella logica, intesa anche come la forza della parola, la capacità di argomentare in modo intelligente e preparato, senza esagerare però, infatti sosteneva che: *Prima bisogna vivere, e dopo si può filosofare.*

La forza, intesa come violenza, e l'ignoranza intesa come mancanza di conoscenza ma anche apatia, sono la risposta peggiore che si possa dare, quella che solo gli incapaci sanno offrire, e peggio di ciò esiste solo l'indifferenza di tutti. Il silenzio ha sempre favorito il carnefice, l'oppressore, mai la vittima.

La violenza non è solo quella fisica, ma anche quella più sottile e subdola portata con parole, dimenticandoci chi siamo, esseri umani capaci di dialogo. Invece che alzare la voce in un dibattito televisivo, sarebbe preferibile che tanti urlatori migliorassero le loro argomentazioni, perché facendo così alienano proprio i giovani. Un conto è andare in discoteca o ad una festa dove la musica è sì a tutto volume, ma l'intensità vera è profonda, interna, altro è farsi assordare da chi urla dicendo niente, rumore e basta.

I giovani sono stufi di sentirsi dire che il mondo fa schifo, conoscono benissimo la differenza tra dire che va male e denunciare un malessere: la musica li fa sentir bene anche quando li fa star male. Entrare in sintonia con la giovane mente non è questione di volume ma d'intensità di pensiero, di lunghezza d'onda. I giovani d'oggi non sono poi così diversi da noi giovani di ieri e da quelli prima di noi, e giudicarne il dolore o la sofferenza in base al volume di chi grida ci rende ottusi a tutti quelli che soffrono in silenzio.

Inoltre sono soprattutto uomini quelli che alzano la voce ai dibattiti politici, forse perché sono abituati in macchina, urlando che hanno la precedenza e aspettandosi di averla anche quando non gli spetta.

Costoro urlano che non stanno urlando anche quando gli viene detto che *stanno* urlando, sordi per l'ignoranza delle proprie affermazioni.

Tutti da giovani vogliono cambiare il mondo e i cambiamenti più positivi nella storia sono sempre accaduti quando questa volontà si è espressa, e la più grave tragedia sarebbe che l'apatia prendesse il sopravvento.

Uno dei miei scrittori preferiti, Ennio Flaiano, una volta scrisse che *I giovani hanno quasi tutti il coraggio delle opinioni altrui.* Questo dipinge bene la sfrontatezza delle giovani menti, sempre pronte a parlare prima di conoscere bene l'argomento, a correre prima di saper camminare, al tempo stesso però quanti vecchi ho incontrato che ripetevano da anni gli stessi errori, incapaci di evolversi, di maturare.

Un proverbio Africano dice che il giovane cammina più veloce dell'anziano, ma l'anziano conosce la strada.

La responsabilità ricade su chi ha più anni, sempre.

Usare l'età come argomento per tacciare qualcuno è una cosa che mi ha sempre dato fastidio, soprattutto quando mi sono ritrovato ad avere a che fare con persone incapaci di crescere, e non intendo anagraficamente.

Giovani si è una volta sola, ma c'è chi rimane immaturo molto più a lungo.

Critichiamo sempre i giovani, dimenticandoci che all'epoca nostra subivamo lo stesso trattamento, e anche noi avevamo più bisogno di esempi che di critiche.

Sono nato in una generazione che alla domanda: *Ma tu cosa vuoi fare da grande?* Ha sempre pensato: *Non sapevo si potesse scegliere!* I miei genitori mi sognavano magistrato o avvocato, li ho delusi per bene e sistematicamente, dato che non volevo deluderli non deludendoli.

Come figlio che è sempre stato accusato di incostanza e sregolatezza, ho imparato che la regola fondamentale per rimanere un bravo genitore è di essere sempre più coerente possibile, anche sbagliando. Meglio non correggere un piccolo errore ma rimanere coerenti, piuttosto che entrare in contraddizione per sistemare qualcosa di insignificante.

Se qualcuno di voi pensasse ora che sono troppo protettivo nei confronti dei giovani si sbaglierebbe di grosso: non ho nessuna remora a strigliarli quando serve.

Il mattino mi vede alzato alle cinque e poco prima delle sette sono al bar a godermi il mio caffè doppio.

Una di queste mattine arrivai un po' prima del solito e mentre aspettavo che aprissero la saracinesca, passò un vecchietto, che mi lanciò un gioioso buongiorno.

Mattiniero! - rilanciai altrettanto allegramente.

Il vecchietto si fermò e tornò indietro.

«Lei sta andando al lavoro?» mi chiese.

Sì - risposi.

«Non è che potrebbe dare lavoro a mio nipote? Sa, è stato licenziato.»

Mi dispiace, io lavoro all'estero... - mormorai.

«Che Dio vi benedica!» replicò scoraggiato.

Mentre si allontanava gli chiesi - ma suo nipote cosa fa? Riferendomi ovviamente a che lavoro facesse.

«Sta dormendo» rispose, aggiungendo «che Dio lo aiuti!»

E che Gesù lo butti giù dal letto a cercar lavoro! - mi ritrovai ad esclamare.

Un mondo dove i vecchi lavorano e i giovani dormono non si era mai visto, ma ricordiamoci che questo è un mondo in cui chi si è prodigato per la fine del Comunismo poi si è ritrovato impreparato quando è veramente crollato.

Un amico nel leggere questo libro lo ha definito un Bignami divertente del fare politica in Italia, riferendosi a quel preziosissimo libretto che ha aiutato così tanti studenti a capire non solo il Risorgimento, ma anche la storia dell'Impero Romano e Petrarca. Magari potessi fare un Bignami della politica, ma qualsiasi tentativo di rendere tascabile in un numero minimo di pagine così tante informazioni è veramente impossibile. Quindi la premessa di questo libro, quello *spiegata* scritto a grandi lettere in copertina, va inteso nel senso primo del significato sul vocabolario Treccani: *svolgere, distendere ciò che era ripiegato o avviluppato, in modo che l'intera superficie risulti aperta e distesa, e visibile.*

E se cerchiamo il significato figurato della parola *spiegare* troviamo questo poco oltre: *Aprire, allargare: spiegare le ali, riferito a uccelli, distenderle per volare, e per estensione spiegare il volo, prendere il volo, volare ad ali spiegate, anche in senso figurato: Ma il mio signor, com'aquila sublime, Dietro ai sofi novelli il volo spieghi (Parini)* L'intento di questo sforzo letterario è dare uno spunto ai giovani, come facciamo io e Cristina con i nostri figli a ragionare su tutto, anche sulla politica, con la propria testa e non ascoltare quello che normalmente viene detto che è diventato luogo comune. Bisogna insistere sempre a non aver paura ad affrontare discorsi che portano a uno scambio di idee, facendo in modo che la libertà individuale e i diritti inalienabili di tutti vengano protetti.

Il significato più banale di *spiegare*, cioè *far capire, chiarire, rendere chiaro e intelligibile qualcosa di oscuro e di difficile comprensione*, viene molto dopo, non è una priorità, né sul vocabolario né qui.

La forma di controllo più perversa che ci sia è tenere le persone nell'ignoranza, o far credere loro che alcune cose sono troppo complicate e vanno lasciate agli addetti ai lavori, ma ricordatevi che saperne un po' di meccanica vi aiuta ad essere dei guidatori migliori, e non serve poi una gran conoscenza.

Se sentite un rumore che viene dalla vostra auto, non basta alzare il volume della radio e sperare che vada via, meglio capire se sono delle foglie intrappolate nel condotto dell'aria, oppure il suono che fa una gomma bucata; vi assicuro che mentre le foglie danno solo fastidio, la gomma bucata crea danni molto seri.

E parlando di danni, bisogna separare quello che in politica viene presentato come un danno quando in realtà lo è solo per chi non ne può trarre vantaggi, e al tempo stesso non fare di ogni notizia un fatto veramente accaduto, soprattutto di questi tempi di caos mediatico.

Spargere la voce e mantenere il falso mito che tutti i politici sono corrotti e che la politica è una cosa sporca fa gran danno, non solo perché è ingiusto nei confronti di chi serve la propria carica con grande competenza, in tutta onestà e coscienza, ma far ciò incentiva anche persone con pochi scrupoli ad approfittarsene, pensando che tanto lo fanno tutti. Peggio ancora se la persona fino ad oggi onesta, cessa di esserlo perché *tanto sarei l'unico*. Ho conosciuto politici di grande onestà e dirittura morale, gente che veramente voleva creare un miglioramento di cui tutti ne potessero beneficiare.

La cosa più pericolosa, e qui lo dico da emigrato, è infamare un'intera razza, regione o gruppo solo perché un unico elemento che appartiene a questi è una mela marcia.

Per ogni Totò Riina o Bernardo Provenzano, siciliani, c'è Giovanni Falcone, Peppino Impastato, Rocco Chinnici, Paolo Borsellino, Calogero Zucchetto, Ninni Cassarà, Rosario Livatino e tanti altri, eppure quante volte si sente dire *i siciliani sono tutti mafiosi?*

Ti accorgi che i figli sono cresciuti quando ti pongono domande a cui puoi dare risposte, e siamo noi che dobbiamo fornirle, o in ogni caso metterli in condizione di sapere come o dove cercarle. Come genitore devo essere in grado di vedere *oltre*, non solo *prima* di loro.

Questo non deve tradursi nel tenerli legati vicino, anzi dobbiamo lasciare che si allontanino se vogliamo che restino veramente uniti a noi.

Il regalo più grande che possiamo dar loro è l'entusiasmo, senza mai riversargli addosso le nostre frustrazioni e l'amarezza per quelle cose che noi non abbiamo raggiunto.

I giovani vivono di ideali e vedono spesso le cose in bianco e nero, ma come ho già scritto in altra sede *il bianco e nero fa bene alla materia grigia.*

Nei miei anni di set cinematografici e pubblicitari ho visto tanti giovani dare il massimo e non riuscire perché hanno ceduto a compromessi venduti da altri come verità o scorciatoie.

Lasciai l'Italia ventenne perché mi era stato detto che avrei dovuto aspettare di avere i capelli bianchi prima di avere un posto di responsabilità e la frase mi terrorizzò ancor di più quando guardandomi attorno vidi che i capi reparto erano davvero tutti imbiancati.

Bianco di paura, raccolsi le mie poche cose e andai dove guardano *cosa* sai fare, non *chi* ti manda oppure quanti anni hai e cosa hai fatto fino a quel momento.

Il cinema mi ha insegnato che l'unico vero valore che ho come merce di scambio è il mio nome, cioè l'integrità e la competenza che mi definisce.

Il giornalismo e lo scrivere in genere mi ha fatto capire che non possiamo spiegare niente a nessuno, possiamo solo vivere e raccontare quello che viviamo sulla nostra pelle, sperando che chi ci legge ne abbia giovamento, o che almeno riusciamo a farlo ragionare con noi.

Spiegare no, non ha senso, e come diceva Longanesi *un vero giornalista spiega benissimo quello che non sa.*

Ecco la disonestà di questo libro, la consapevolezza di non saperne abbastanza, anche quando chi mi sta accanto mi dice il contrario. Credere a chi ci fa solo complimenti è pericoloso in qualsiasi mestiere, soprattutto in politica: sentiamo un gran caldo e una sensazione di benessere, ma ricordatevi che dopo la pipì si raffredda.

E ora vi spiego, nel significato più accettato del termine, perché ne so di politica.

Come accennato nell'introduzione, ho una sorella che conosce più che bene come funziona la macchina politica italiana, in cui ha lavorato ad altissimo livello per tanti anni.

Le nostre chiacchierate, se non fossero confidenziali e riservate, produrrebbero un libro bellissimo e affascinante, ma Luisa non ama i riflettori e qui rispetto la sua discrezione, in fondo è proprio quello che l'ha resa così preziosa a tanti personaggi di potere di questi ultimi trent'anni.

Tramite lei ho conosciuto altrettante persone meravigliose, grandi conoscitori non solo dell'anima politica italiana, ma anche dell'animo umano, e non faccio i loro nomi perché mi è stato chiesto così.

I loro suggerimenti nel redigere queste pagine sono stati preziosissimi e ne ho ammirato la consumata esperienza e generosità, oltre che un'onestà reale e rara non solo in ambito politico.

Da ultimo devo riconoscere un vantaggio che ho acquisito in tanti anni di vita, ammettendo anche che a parità di anni sono sempre stato più vecchio in ore di tanti altri.

Questo vantaggio nasce dall'aver fatto un mestiere che con la politica ha tantissime affinità, per non dire identici meccanismi: il cinema.

Il connubio tra mondo dello spettacolo e politica è storico: *panem et circenses*, se ve ne siete scordati, è la cinica formula adottata fin dai tempi degli antichi Romani per controllare le masse, il vero segreto del governare. Se pensate che il cinema sia il gioco degli inganni, così lo è la politica, ma non necessariamente questi inganni sono fatti per nuocere, anzi.

Il mondo dello spettacolo ha la stessa merce di scambio del mondo politico, il *nome,* inteso come reputazione, la valuta più pregiata. Lo scambio di favori è all'ordine del giorno, per non parlare che tutti sono disposti a fare il tuo lavoro, non solo gratis ma anche pagando, e viene visto solo l'aspetto più *glamour*, sospettando sempre che uno abbia raggiunto la propria bella posizione grazie a chissà quali sotterfugi e compromessi: vi ricorda qualcosa? Il cosiddetto *show business*, termine che cattura meglio tutto quello che fa spettacolo, non solo il cinema, è fatto di continue contrattazioni, dove la gente ti abbraccia toccando la schiena per tastare il punto migliore dove accoltellarti dopo con calma, lontano da occhi indiscreti.

La similitudine tra le due *arti* è lungamente riconosciuta, e ne troverete riscontro in altri che ne sanno molto più di me, come Paul Bengala, già consigliere di Bill Clinton, che disse *la politica è lo show business dei brutti.*

In show business la lealtà dura quanto la vostra popolarità, e l'autocelebrazione è di rigore, tanto che se non arrivano gli applausi si creano eventi che li producano.

Per questo se volete mantenere una lunga carriera in show business meglio non credere a tutti i complimenti e premi che riceverete, meglio tenere i piedi per terra, sempre.

In politica questo è di rigore, tanto che sin dai tempi dell'antica Roma esisteva uno schiavo che teneva l'alloro della vittoria sulla testa del generale, sussurrandogli nell'orecchio mentre sfilava tra la folla adorante: *Respice post te! Hominem te memento!* - *Guarda dietro te! Ricordati che sei solo un uomo.*

Se volete fare politica, non guidate l'automobile, prendete la metro, il bus o meglio ancora camminate, osservando bene da vicino le persone che vi circondano, ricordatevi che siete come tutti gli altri. Ho sempre pensato che quando qualcuno ti innalza su un piedistallo è sempre perché gli altri possano prendere meglio la mira.

Un altro vantaggio ricevuto, non voluto, è arrivato una volta emigrato in Inghilterra. Non fu una decisione semplice, e fu dettata da ragioni economiche, come per la maggior parte di coloro che emigrano. Quando sento dire che non si vuole che i giovani cambino paese son d'accordo, sarebbe meglio che cambiasse il paese, ma fino a che ciò non accadrà è inevitabile.

Vivere all'estero però dà un vantaggio nell'osservare la propria gente: è come essere su una barca, seduti con i piedi in acqua, ancora a contatto con la nostra origine, ma al tempo stesso riusciamo a guardare più in là, specialmente rispetto a chi nuota.

L'emigrato ama il suo paese in modo sviscerato, e soffre perché lo difende spesso da chi lo deride, ma al tempo stesso ne vede i difetti perché ha il distacco di chi non è a pelo d'acqua.

Quando mi è stato chiesto in passato di spiegare alcune cose dell'Italia, o di cosa significa essere italiano, sono quasi sempre riuscito a cavarmela con una battuta, sperando che nel far ridere qualcuno per pochi secondi lo facessi riflettere poi più a lungo.

Ed è esattamente quello che ho cercato di fare qui, dare uno spunto di riflessione, condividendo queste mie allegre chiacchierate con i miei figli, sperando non di cambiare come la pensano, ma solo di pensare che sono loro che possono cambiare le cose, riparando i danni che abbiamo fatto noi, le nostre generazioni.

Infine una parola rivolta a un lettore di tipo particolare, non abbiatene a male.

Il sottotitolo di questo libro è *come occupare una poltrona in Italia*, e ho la vaga sensazione che ci saranno persone che compreranno questo libro sperando di trovarci il segreto di come entrare in politica per occupare qualche posto in qualche ente o istituzione, a sbafo di tutti. Nonostante tra le righe di queste pagine ci siano dei consigli che spero molti troveranno utili avvicinandosi al mondo politico, devo deludere gli amanti delle scorciatoie, perché il modo migliore di occupare una poltrona è con onestà e correttezza, tenendo sempre a mente il perché e chi va servito una volta che ci si siede in un posto di potere: il cittadino.

Per cittadino intendo chi lavora onestamente, pagando le tasse e rispettando il prossimo, alzandosi per andare a lavorare ogni giorno con serietà e la consapevolezza che le tasse detratte dal proprio stipendio o versate come imprenditore o libero professionista, vanno ad aiutare tutti, soprattutto chi è meno fortunato per nascita o accidente. La responsabilità nell'essere al governo, nazionale o locale che sia, in qualsiasi posizione, di qualsiasi livello, è enorme, perché bisogna ogni giorno dimostrare che meritiamo la fiducia di chi ci ha votato.

Mio padre ha lavorato tutta la vita, festivi compresi, in modo eccessivo, perché molti della sua generazione sono cresciuti con un senso del dovere a volte anche esagerato.

Un giorno, già grandi e avviati al lavoro, scoprimmo che non aveva ricevuto un aumento di stipendio da parecchi anni, nonostante le sue responsabilità fossero aumentate.

Gli chiedemmo perché non avesse mai chiesto un aumento.

La sua risposta arrivò dopo molta insistenza, ed era quasi seccato nel darla: «...perché se lo meritavo me l'avrebbero dato senza doverlo chiedere.»

Ecco, il giorno che occuperete una poltrona ricordatevi di mio padre e di gente come lui, che si alzava tutte le mattine alle cinque, e tornava tardi, stanco, pieno di fatica senza mai un lamento.

Ricordatevi, mentre spostate le carte sulla bella scrivania, che nello stesso momento c'è gente molto più vecchia di voi o molto più giovane di voi che sposta carichi enormi, ogni giorno, senza lagnarsi.

Quando qualcuno vi porterà il caffè in ufficio ringraziatelo sempre, ringraziate e siate sempre grati a tutti, qualcuno ha cucito il vestito che indossate, battuto i tacchi delle scarpe che avete ai piedi, cucinato il pranzo che avete così tanto gradito assieme ai vostri colleghi.

Soprattutto ricordatevi che il peso su quella poltrona è il peso della responsabilità e delle promesse fatte a chi crede in voi, che ogni giorno spera che sarete proprio voi quelli che daranno una svolta buona alla loro vita.

Infine, non dimenticatevi che anche voi siete stati giovani, e che non trovare risposta alle domande che cercavate era frustrante e alienante, e siate disponibili a dividere con altri la vostra esperienza, la vostra conoscenza e il privilegio del potere che esercitate dall'alto di quella poltrona, e non dimenticatevi mai, in nessun momento, che in fondo, non è poi così alta, e i piedi toccano il pavimento, ed è meglio che li teniate per terra.

EPILOGO

Nel mettere in ordine gli appunti raccolti per scrivere questo libro ha fatto capolino una nota di mia figlia, scritta che aveva appena cinque anni: *I love you daddy!* parole scritte con matite colorate, accompagnate da fiori e cuoricini, che adornano i sogni di tutte le piccole principesse.

Ho sempre viaggiato molto, il mio lavoro è crudele con gli affetti e anche se i miei figli sono stati un po' abituati negli anni alle mie improvvise sparizioni, non è mai stato facile.

Al suo primo giorno di scuola dissi a Elena che non sarei potuto venire a prenderla perché dovevo volar via lontano quella mattina, ci avrebbe pensato la mamma ad aspettarla fuori scuola.

Sospirò con la consapevole gravità dei suoi sei anni.

«Papà...», disse con un fil di voce, «perché devi sempre andare via?»

Per lavoro piccola, devo guadagnare soldi.

«A cosa ti servono i soldi?»

Così posso comprarti vestiti, darti da mangiare e pagare per mandarti a scuola.

Una pausa, un abbraccio più stretto, poi tutto d'un fiato: «Papà, posso mettermi sempre questo vestito, mangerò meno, e non mi piace la scuola».

Mi si inumidiscono gli occhi solo al pensiero.

Ricordo anche l'espressione dell'addetto al controllo passaporti dell'aeroporto di Londra, ricoperto da una pioggia di brillantini e polverina uscita all'apertura del mio passaporto, che accompagnavano un biglietto di scuse di Elena, per non avermi salutato perché sarei partito troppo presto il giorno dopo. Alla mia espressione inorridita il burbero ufficiale sfoderò un raro sorriso, e con vero *aplomb* britannico mi restituì tutto dicendo che aveva una figlia piccola anche lui.

Ho bigliettini e note ovunque, ne tengo una dentro la custodia trasparente del cellulare, a mo' di *cover*, ha solo un cuoricino e la scritta *Love* che più di una volta mi ha fatto oggetto di sorrisini maliziosi da più parti.

Una nota di Elena è diventato prezioso segnalibro sul mio *Kindle*, e se vi chiedete come è possibile avere un segnalibro fisico su un libro elettronico evidentemente leggiamo mondi diversi.

Mi rendo conto che è giunta ora che le scriva anch'io una nota, che in anni a venire continui a spargere brillantezza ovunque, che sopravviva la tecnologia e che la faccia sempre sorridere e pensare anche quando c'è poco da ridere e tanto da ridire.

Cara Elena,

trattengo queste parole ancora un attimo, così le scaldo un po' prima di lasciarle tue.

Non ho una traccia da seguire, nessuno prepara un padre a dare certezze e devi sempre diffidare di chi offre risposte fatte e comode per il momento, sono spesso rubate da scritti di altri mal interpretati e tradotti a proprio vantaggio.

Ti scrivo qui perché ho un passato, ti scrivo ora perché sei il futuro.

Guarda la storia e ricorda che in realtà non si ripete, il passato ci dice le cose una volta sola, a noi sembra già accaduto perché non lo ascoltiamo, però non guardare indietro troppo spesso, fa venire il torcicollo.

Non dare volume a chi grida, incoraggeresti la sua mancanza di idee o peggio, la sua pericolosa ignoranza; presta pure attenzione a chi ti dà consiglio ma fai di testa tua seguendo il cuore, così se sbagli non dai colpa alla testa, a cui si perdona poco o nulla.

È possibile improvvisare solo se ti sei ben preparata e se non lo hai fatto sarà sempre colpa tua: non incolpare altri della tua approssimazione, non vestirla di creatività nascondendoti dietro il volto d'artista, chi è creativo non ha bisogno di dirlo.

Scegli le tue battaglie, scovando il *tuo* drago da combattere, non far tue cause di altri a cui non credi, solo per accontentare il prepotente o la maggioranza.

Se tutti fanno zig, nessuno ti impedisce di fare zag, e magari è anche più divertente, basta che non fai ambedue le cose troppo spesso; andare dritti è relativo alla lunghezza della strada, maggiore la distanza meno accentuata è la curva.

Ricordati che ordine non vuol dire autorità e che dobbiamo obbedire anche a quello che le leggi non dicono esplicitamente, basta che abbia senso, perché la vergogna ce lo impone, lo diceva anche Seneca.

Il buon senso non è necessariamente il senso comune, metti pure in dubbio, se necessario, quello che i più accettano passivamente per sola pigrizia; possiamo rilassarci, ma meglio farlo come fa ogni mamma con i propri cuccioli.

Difendi i deboli, ma non lasciare che la gente si approfitti della tua generosità: aiutare non vuol dire assistere ciecamente, vuol dire mettere in grado la persona a rialzarsi da sola, con dignità, ma soprattutto rimetterla in piedi così che possa aiutare altri, non solo sé stessa.

Rispetta cultura e religione diverse, ma non permettere a nessuno che ti impongano la loro, hai anche pieno diritto a non credere e a non essere d'accordo.

Rifuggi il fanatismo, qualsiasi colore abbia, soprattutto se inneggiante di nostalgia, i ricordi sono belli se rimangono tali. Il fanatico vuole una legge che applicata alla lettera su tutto e tutti distribuisca paradiso o inferno, ignorando ottusamente che una legge deve essere interpretata e nessuna scrittura è oggettiva e che l'essere umano è eccezione per definizione.

Rispetta chi lavora e scarta i fannulloni, la pigrizia è il vizio più pericoloso che ci sia, perché chi non ha voglia di fare cerca sempre la scorciatoia, a scapito di altri.

Non giungere a conclusioni affrettate quando apprendi una notizia, accertati che i fatti siano veramente come riportati, verifica da più fonti, non arrivare a conclusioni basandoti sul sentito dire; credi pure a chi era presente, ma non del tutto.

Non giudicare dalle apparenze, ho sempre usato un solo paio di scarpe finché non si sono rotte, anche se ne potevo comprare due.

Non buttare via quello che si può aggiustare.

Ricorda che intervenire su competenze non tue non solo è pericoloso, ma rischi di passare per incompetente: spetta alla Polizia arrestare il criminale, all'avvocato difenderlo ed è solo il giudice che condanna o assolve.

Rispetta le Istituzioni, ma ricorda che sono al servizio di tutti, te compresa, e non sono sopra nessuno nonostante il titolo altisonante.

Segui l'economia e comprendine i meccanismi, non fare sprechi, ma sappi quando è il momento di spendere piuttosto che morire diventando la persona più ricca del cimitero.

Fare sacrifici per un bene comune vale sempre la pena.

Coltiva le amicizie, ma non mettere l'amico davanti ai valori che rispetti, perché il vero amico ti cammina a fianco, non davanti.

Rispetta i tuoi colleghi e chi lavora con te, sei solo veloce come il più lento del tuo gruppo e sei brava solo perché altri lo riconoscono o te lo permettono.

Ricorda che non puoi controllare quello che gli altri ti fanno, ma puoi controllare la tua reazione, e questo non vuol dire sempre sorridere. Ama la tua famiglia, circondala di libri, sono la miglior forma di protezione e di ricchezza, la gente ignorante conosce solo la povertà: un libro accende la mente, ed è una luce che nessuno può più spegnere.

Interessati delle nuove tecnologie e falle tue, devi capirne abbastanza così che se ti viene detto che non si può fare puoi obbiettare. Non farti impressionare dalle prestazioni di una macchina, chiedi sempre di avere il miglior pilota e accertati che abbia figli che vuole riabbracciare a fine corsa.

Non togliere speranza a una persona, potrebbe essere tutto quello che gli è rimasto, ma non fare promesse che non puoi mantenere.

Chiedi scusa se necessario, ma non esagerare in pubblico. Stringi la mano che ti viene offerta, anche se non rispetti un'idea, così puoi far sempre sentire la tua forza e risolutezza.

Ascolta musica, cucina il tuo cibo e fai sport; ama gli animali come fossero persone, ma rispettane la loro natura perché non sono esseri umani.

Difendi l'ambiente, il mondo non è solo piccolo, ma anche l'unico che abbiamo e non possiamo andare da nessun'altra parte, e non possiamo cambiare l'aria.

Ama l'Italia e sii fiera di essere *Italiana*, pensa a tutti gli stranieri che vorrebbero essere nati qui: quanti italiani conosci che vorrebbero non esserlo?

Ricordati che tua madre e tuo padre hanno cercato di sbagliare il meno possibile, ma non ci sono sempre riusciti, anche se la mamma a dir la verità ha sbagliato di meno.

Love

Babbo

Francesco (Franz) Pagot con Elena.

FRANCESCO (FRANZ) PAGOT è nato a Conegliano e ha studiato al Liceo Classico, quando ancora si traduceva dal Greco al Latino. Dopo aver lavorato per diversi anni in pubblicità e nel cinema, si trasferisce a Londra, assistendo su capolavori come Full Metal Jacket, per poi diventare direttore della fotografia noto e rispettato, girando numerosi film e più di cinquecento spot pubblicitari. Ha dipinto con la luce miti del cinema tra cui: Peter O'Toole, Ray Winstone, Jude Law e Giancarlo Giannini.

È stimato pittore su tela e alcuni dei suoi lavori sono in mostra presso la Saatchi Art Collection.

È membro del prestigioso BAFTA, l'equivalente inglese degli Oscar, ed è giornalista iscritto all'albo in Inghilterra, con esperienza di zona di guerra. Ha vinto numerosissimi premi e pubblicato diversi libri.

Occasionalmente insegna in varie scuole e università ed è uno speaker sulla comunicazione molto richiesto in tutto il mondo. Sposato con due figli, vive tra Londra e l'Italia.